Lars Gottwik
Rainbow-Trading

TITEL DER SIMPLIFIED-BUCHREIHE

Matthias von Arnim
Erfolgreich mit Aktien – simplified

Herbert Autengruber
Aktienfonds für jedes Anlageziel – simplified

Holger Bengs, Mike Bayer
Investieren in Biotechnologie – simplified

Lawrence A. Cunningham
Value Investing – simplified

Pierre M. Daeubner
Alles, was Sie über Technische Analyse wissen müssen – simplified

Ed Downs
Die besten Chartmuster – simplified

Christian Eck/Marcel Langer/Matthias Riechert
Eurex – simplified

Heinrich Eibl
ETFs – simplified

Horst Fugger
Börsen-Lexikon – simplified

Markus Gunter
Erfolgreich mit Investmentfonds – simplified

Walter Hubel
Mehr Geld im Alter – simplified

Markus Jordan
Zertifikate – simplified

Jay Kaeppel
Die 4 größten Fehler beim Handel mit Optionen – simplified

Dennis Metz
Devisenhandel – simplified

Markus Miller
Abgeltungssteuer – nein danke! – simplified

David Morgan
Insiderwissen: Silber – simplified

John J. Murphy
Charttechnik leicht gemacht – simplified

Oliver Paesler
Technische Indikatoren – simplified

Melvin Pasternak
Die 21 wichtigsten Candlestick-Formationen – simplified

Richard Pfadenhauer
Alles, was Sie über Derivate wissen müssen – simplified

Michael J. Plos
Daytrading – simplified

Georg Pröbstl
Die besten Dividendenstrategien – simplified

Michael Proffe
Die besten Trendfolgestrategien – simplified

Stefan Riße
CFDs – simplified

Raimund Schriek
Besser mit Behavioral Finance – simplified

Holger Scholze
Hebelprodukte – simplified

Norman Schwarze
Investieren in Gold – simplified

Martin Voigtmann
Geschlossene Fonds – simplified

Mikael Henrik von Nauckhoff
Sicher mit Anlagemetallen – simplified

Harald Weygand
Short-Selling – simplified

www.simplified.de

Lars Gottwik

RAINBOW
TRADING

FinanzBuch Verlag

simplified

Lektorat & Korrektorat: Günter Probst
Grafiken: Annina Knör
Satz: Jürgen Echter, Landsberg am Lech
Druck: Konrad Triltsch, Ochsenfurt

1. Auflage 2010
© 2010 FinanzBuch Verlag GmbH
Nymphenburger Straße 86
80636 München
Tel. 089 651285-0
Fax 089 652096
info@finanzbuchverlag.de

Den Autor erreichen Sie unter:
gottwik@finanzbuchverlag.de

Bibliografische Information der Deutschen
Nationalbibliothek: Die Deutsche Nationalbibliothek verzeichnet diese Publikation in
der Deutschen Nationalbibliografie;
detaillierte bibliografische Daten sind im
Internet über **http://d-nb.de** abrufbar.

Alle Rechte vorbehalten, einschließlich derje-
nigen des auszugsweisen Abdrucks sowie der
photomechanischen und elektronischen Wie-
dergabe. Dieses Buch will keine spezifischen
Anlage-Empfehlungen geben und enthält lediglich allgemeine Hinweise. Autor, Heraus-
geber und die zitierten Quellen haften nicht für
etwaige Verluste, die aufgrund der Umsetzung
ihrer Gedanken und Ideen entstehen.

ISBN: 978-3-89879-570-8

www.finanzbuchverlag.de
Gerne übersenden wir Ihnen unser Verlagsprogramm!

Inhalt

simplified

DIE SIMPLIFIED-BUCHREIHE
WWW.SIMPLIFIED.DE

EINE ZUSAMMENARBEIT VON FINANZBUCH VERLAG UND INVESTOR VERLAG

GodmodeTrader.de:

Das Portal für Technische Analyse, Trading und Anlagestrategien!

Wie steht es um die Aktie in Ihrem Depot?

Wie entwickeln sich Rohstoffe, Devisen und Anleihen?

Konkrete Kursziele und Prognosen.

Kostenlos auf **www.godmode-trader.de**

GodmodeTrader Einfach **besser** informiert.
www.godmode-trader.de

Einleitung

Es war eine der Nächte, in denen ich, nachdem ich den Handelstag beschlossen hatte, eigentlich nur noch ein wenig durch mein Lieblingsforum im Devisenbereich surfen wollte. Mein Trading-Tagebuch war schon mit den Trades des Tages aktualisiert. Damals war ich bereits Day-Trader und hatte so ziemlich jede Börsenstrategie studiert. Ich hatte Jahre mit dem Studium der Technischen Analyse, der psychologischen Aspekte im Trading, der Spiel- und Wahrscheinlichkeitstheorie, der Elliott-Wellen und von Money-Management-Strategien zugebracht. Ich denke, dass ich bereits an diesem Punkt meiner Trader-Laufbahn über ein sehr profundes Wissen verfügte. Mein Trading war profitabel geworden, nachdem ich wie fast alle angehenden Trader Lehrgeld zahlen und durch manches »Tal« gehen musste. Ich erwirtschaftete dauerhaft Profit und war mit meinem Werdegang eigentlich sehr zufrieden. Und doch hatte ich irgendwie das Gefühl, noch nicht endgültig dort zu sein, wo ich hinwollte. Dieses Gefühl konnte ich aber nicht genauer eingrenzen. In der Nachbetrachtung muss ich feststellen, dass es wohl daran lag, dass ich in meinem täglichen Trading Handelsstrategien umsetzte, die nicht hundertprozentig zu mir passten. Ich denke, eine der wichtigsten Erkenntnisse im Trading ist, dass nicht etwa ein System bzw. ein Trading-Ansatz den Gewinn bringt, sondern vielmehr die Verbindung des Charakters eines Traders mit einer zu ihm passenden Strategie. Die Psyche des Traders muss zu den jeweiligen Money-Management-Regeln, Trading-Skills (Wissen und Fähigkeiten des Traders) und zum Handelsansatz passen. Von diesem Standpunkt aus gesehen ist es für jeden Trader, um absolute Spitzenleistung im Trading zu erbringen, überaus wichtig, ein System zu finden, das zu seinem Charakter und Wissensstand passt. Verstehen Sie mich bitte nicht falsch. Ich bin 100 %ig davon überzeugt, dass ein Händler, der zu den besten 10 % der Marktteilnehmer gehört und dauerhaft profitabel ist, *jedes* System gewinnbringend handeln kann. Er weiß, was es braucht, um zu den Gewinnern zu gehören. Allerdings wird nur *der* Trading-Ansatz, der auch wirklich zu ihm passt, absolute Spitzenperformance bringen. Ich denke, an diesem Punkt war ich damals angekommen. Ich hatte es mit viel Disziplin, Ehrgeiz und Einsatz geschafft, mein Trading so weit zu pushen, dass ich konstanten Gewinn mit wenig Risiko erwirtschaftete. Warum war ich aber mit dem damals Erreichten nicht zufrieden? Ich hatte doch genau das erreicht, was ich immer wollte: Ich konnte durch Traden meinen Lebensunterhalt bestreiten. Ich wusste, dass ich zu den Wenigen gehörte, die es schafften, konstanten Profit zu erwirtschaften. Wie bereits erwähnt, konnte ich dieses Gefühl, noch nicht angekommen zu sein, nicht wirklich fassen. Natürlich war ich überaus glücklich, dass ich es überhaupt bis zu diesem Punkt geschafft hatte. Das Trading war und ist mein Traumberuf. Ich konnte von einem Job leben, der mich begeisterte, der mir Spaß machte und mich täglich herausforderte. Eigentlich dachte ich, dass ich die meisten Bücher und Foren mit all den Ideen, Systemen und Ansätzen bereits gelesen hätte. An jenem besagten Tag bin ich jedoch in meinem englischsprachigen Lieblingsforum im Bereich des Devisenhandels über einen Thread gestolpert, in dem ein Chart mit ungewöhnlich vielen bunten gleitenden Durchschnitten gepostet war. Zuerst konnte ich mir ein leichtes Schmunzeln nicht verkneifen, zumal ich daneben noch den Zusatz »*Follow the rainbow and you may find gold.*« lesen konnte. Ich war es gewohnt, dass die meisten Trader (wie auch ich) die Charts relativ »nüchtern und kühl« analysierten. Natürlich verwendete man unterschiedliche Farben für bestimmte Instrumente. Aber so etwas? Niemals. Dieser Chart war definitiv anders. Ich hatte noch nie einen so bunten Chart gesehen! Aus purer Neugier fing ich an, in diesem Thread weiterzulesen und mir die vielen »bunten Bildchen« genauer anzusehen. Nach kurzer Zeit schielte ich mal auf den unteren Rand meines Bildschirms, wo zu erkennen war, wie viele Seiten in diesem Thread bereits existierten. Es waren mehrere dutzend! Jetzt war mein Interesse endgültig geweckt. Anscheinend gab es da eine kleine Gruppe, die diesen Thread dauerhaft mit Leben füllte. Warum nur war er mir nicht schon früher aufgefallen? Als ich das nächste Mal auf meine Uhr schaute, waren 3 Stunden vergangen. Man muss an dieser Stelle vielleicht anmerken, dass ich mich normalerweise durch Handelsansätze eher durchquälen muss und mir die Umsetzung respektive das Backtesting deutlich mehr Spaß machen. Das war aber bei diesem Thread anders. Ich sog ihn regelrecht in mich auf und hatte die Zeit komplett vergessen. Trotz allem war es dann für diese Nacht erst einmal genug und ich fiel todmüde ins Bett. Am nächsten Morgen musste ich schließlich wieder fit und ausgeschlafen sein, denn es war ja wieder Trading angesagt. Der Thread ging mir jedoch nicht aus dem Kopf, und so verbrachte ich auch meine Mittagspause mit dem Studium der letzten Seiten bzw. der letzten Posts über den Rainbow. Jede freie Minute während des Handelstages nutzte ich, um die wichtigsten Regeln, die bis dato erwähnt worden waren, schriftlich herauszuarbeiten und in meiner eigenen System- und Setupsammlung zu bündeln. Selten hatte mich ein Trading-Ansatz vom ersten Moment an so fasziniert wie der Rainbow. Ich wollte alles über dieses System wissen. Natürlich folgten noch unzählige Wochen, bis ich diesen Ansatz in all seiner Vielfalt verstanden, verinnerlicht, mit meinem Wissen verfeinert und so weit ausgebaut hatte, um ihn mit einem Subaccount real handeln zu können. Im Laufe der Zeit habe ich den Rainbow in meinem Trading immer weiterentwickelt, mit anderen Methoden verknüpft und ihn zu einem meiner absolut favorisierten Trading-Systeme gemacht. Ich habe die Regeln stets weitergetestet, optimiert, wieder verworfen und an anderer Stelle weitergemacht. Heute kann ich mir ein Trading ohne den Rainbow nicht mehr vorstellen. Er ist mir in Fleisch und Blut übergegangen. Er bildet eine Basis in meinem Trading und ist für mich ein unglaublich gutes Timing-Instrument. In diesem Buch möchte ich Ihnen einen Überblick über die Facetten dieses Ansatzes geben.

Im Trading wird ein System, das nie Verluste produziert als »Holy Grail« (»Heiliger Gral«) bezeichnet. Es gewinnt immer. Ist der Rainbow also ein »Holy Grail«? Natürlich nicht! Wir müssen uns von Beginn an im Klaren darüber sein, was dieser Ansatz kann und was nicht. Eine Methode, mit der man *immer* richtigliegt, gibt es leider nicht! Und *das* beste System gibt es genauso wenig. Ein System kann gut sein und profitabel, aber ein Trading ohne Verluste gibt es nicht. Das ist ein Fakt! Eine »beste« Methode gibt es genauso wenig! Jeder, der Ihnen glauben machen will, er habe die tollste Methode, mit der Sie immer gewinnen, ist ein Scharlatan. Bitte fallen Sie nie auf solche Heilsversprechungen herein. Wichtig ist, dass ein System zu Ihnen passt: Ein Ansatz, der Ihren charakterlichen Eigenschaften entspricht und mit dem Sie unter der Prämisse von Disziplin und Ehrgeiz dauerhaft deutlich mehr gewinnen, als Sie verlieren. That´s it! So funktioniert jedes Strategiespiel, und nichts anderes ist das Trading. Ob der Rainbow zu Ihnen passt, müssen Sie natürlich selbst entscheiden. Wenn Sie das Gefühl haben, dass Ihnen dieser Ansatz liegt, sollten Sie sich im Klaren darüber sein, dass auch der Rainbow seine Zeit beansprucht, bis er Ihnen mit all seinen Eigenheiten, Vor- und Nachteilen zur Hand geht.

Ich wünsche Ihnen viel Spaß beim Lesen und hoffe, Ihnen ein weiteres Instrument zur Bereicherung Ihres »Trading-Arsenals« an die Hand geben zu können.

»Follow the rainbow and you may find gold.«

Der Rainbow

Was kann der Rainbow leisten? Welche Eigenschaften hat er? Wie kann ich ihn nutzen? Sie werden auf den nächsten Seiten erfahren, dass der Rainbow in den verschiedensten Varianten zum Einsatz kommen kann. Dieser Ansatz kann sowohl als Trendfilter auf Indikatorbasis, als Timing-Instrument, um Ein- und Ausstiege zu finden, wie auch als »All-in-one«-Lösung als alleiniges Tradingwerkzeug eingesetzt werden. Er besticht durch seine Vielseitigkeit, ohne an Genauigkeit zu verlieren. Der Rainbow kann auf jegliche Bedürfnisse eines Traders zugeschnitten und optimiert werden. Es gibt in dieser Hinsicht so gut wie keine Restriktionen. Allerdings möchte ich an dieser Stelle deutlich darauf hinweisen, dass der Rainbow dem Trader zwar unglaublich gute Dienste erweisen kann, er aber in keinerlei Hinsicht eine »Abkürzung« zum Erfolg darstellt. Man muss sich vor Überoptimierung genauso in Acht nehmen wie vor zu häufigen Anpassungen. Drawdown-Phasen treten mit jedem System auf und sind unvermeidbar. Das ist im Rainbow-Trading nicht anders. Es fordert ebenso von jedem Händler Disziplin, Ehrgeiz und Geduld. Schaffen Sie es, diese mentalen Fähigkeiten zu entwickeln und einzusetzen, werden Sie sehr schnell die Vorteile des Rainbow-Tradings erkennen und zu schätzen lernen. Selbstredend sind Basics wie Money Management und Risikomanagement unerlässlich und zählen zum Einmaleins des Tradings. Ausführliche Kenntnisse über Risikosteuerung und Positions-Sizing sind Grundvoraussetzung für den Erfolg an der Börse.

Was kann der Rainbow leisten?

Um es ketzerisch auszudrücken: Das, was Sie möchten! Der Rainbow wird in bestimmten Setups zwar mit einem Regelwerk versehen, allerdings ist dies natürlich ebenso wenig als Dogma zu verstehen wie irgendetwas sonst an der Börse. Will Smith (eine beeindruckende Persönlichkeit und zugleich einer meiner Lieblingsschauspieler) antwortete einmal auf die Frage, ob er eine Ikone sei, mit den folgenden Worten: »Ich möchte keine Ikone sein bzw. nicht als solche gesehen werden. Ich will Ideen und Möglichkeiten repräsentieren. Ich will zeigen, was man mit dem Willen erreichen kann.« Genauso sehe ich den Rainbow. Es ist vielmehr eine Idee als ein starres Regelwerk, das sich hinter dem Rainbow-Trading verbirgt. Es handelt sich um ein Gerüst, das jeder für sich nutzen kann. Scheuen Sie sich aber nicht davor, auch etwas in Frage zu stellen bzw. verbessern zu wollen! Versuchen Sie, die Idee der Trendfolge zu verinnerlichen.

Welche Eigenschaften hat der Rainbow?

Der Rainbow ist das Paradebeispiel einer Trendfolgestrategie, um nicht zu sagen »Trendfolge in Reinkultur«! Ein Händler, der diesen Ansatz verwendet, sucht Basiswerte, die sich bereits in einem Trend bewegen. Niemals wird er versuchen, Umkehrmuster zu identifizieren oder sich gegen den herrschenden Trend mit Countertrend-Trades zu stellen. Diese »Arbeit« überlässt er getrost anderen. Ein Rainbow-Trader will nicht der Held sein, der den letzten Uptick in einem Haussetrend short geht, um dann vor seinen Tradingkollegen damit angeben zu können. Er versucht nicht, Werte in crashartigen Situationen einzusammeln, um später auf CNBC sagen zu können, wie sensationell er auch diesen Boden wieder einmal erwischt hat (und die anderen zwanzig Mal, bei denen es in die Hose ging, unter den Tisch fallen lässt …). Er bewegt sich vielmehr im Hintergrund und glänzt mit stetiger Performance. Natürlich sind genaue Ansagen von Wendepunkten spektakulär, aber – wie wir alle wissen – auf Dauer schlichtweg unmöglich! Und dabei gibt es kein Wenn und Aber. Der Rainbow bietet sture Trendfolge, nicht mehr und nicht weniger.

Erinnern Sie sich an das Trägheitsgesetz (1. Newtonsches Gesetz), welches jedem von uns in seiner Schullaufbahn mindestens einmal begegnet sein müsste? »Jeder Körper behält seine Geschwindigkeit nach Betrag und Richtung so lange bei, wie er nicht durch äußere Kräfte gezwungen wird, seinen Bewegungszustand zu ändern.« Etwas freier und trading-affiner formuliert: »Ein Gegenstand, der in Bewegung ist, neigt dazu, in Bewegung zu bleiben. Umgekehrt neigt ein ruhender Gegenstand dazu, sich nicht zu bewegen.« Dieser Satz hängt ausgedruckt übrigens neben meinem Hauptbildschirm. Ich finde ihn so unglaublich wichtig und aussagekräftig. Um Aktien, Indizes oder Devisenpaare, die sich stark in eine Richtung bewegen, in ihrer Bewegung »anzuhalten« (oder gar in ihrem Trend umzukehren), bedarf es viel größerer »Kraft« der Marktteilnehmer, als für die Fortsetzung des bestehenden Trends.

Die Märkte bzw. die Charts sind nur das immer wiederkehrende Muster unserer Angst und Gier. Sowohl intraday wie auch auf lange Sicht. Jeder Markt besitzt Zeiten, in denen Trends in ausgeprägter Form vorkommen! Die Aufgabe ist es, den jeweiligen Timeframe und Markt zu finden, der aktuell einen stetigen und zusätzlich impulsiven Trend aufweist. Diesen gilt es zu finden und zu traden. Besonders wichtig dabei ist, sich nicht in diesen Markt oder Timeframe zu verlieben. Die einzelnen Basiswerte unterliegen veränderlichen Volatilitäten. Wenn Sie einen momentumgetriebenen Trend im S&P 500-Future (E-mini) für sich nutzen konnten, heißt das nicht, dass dieser Future Ihnen weiterhin diese Möglichkeiten bietet. Vielleicht entwickelt sich aber gerade im EUR/USD oder bei Sojabohnen ein signifikanter Trend! Daraus könnte man jetzt natürlich schlussfolgern, dass Trendfolge ja kinderleicht zu sein scheint. Sie ist es natürlich nicht! Einen Trend zu handeln kann mitunter sehr schwer sein. Wie komme ich risikoarm in den Trade bzw. wann schließe ich den Trade? Wie kann ich den Trend handeln, ohne bei sich ändernden Marktbedingungen zu viel zu verlieren? Wie kann man den Trend lange genug handeln? Wie ist mit den Stops zu verfahren? Wo den Profit mitnehmen bzw. wie den Trailing-Stop verwalten? Und wäre das alles noch nicht genug, kommt abschließend die Stabilität des Systems ins Spiel! Es ist absolut tödlich, ein System nach zu wenigen Trades beurteilen zu wollen. Typisch für Anfänger ist, dass sie ein System sofort wieder beiseitelegen, wenn es gleich zu Beginn 3 Verlierer produziert, oder aber, dass sie nach 4 Gewinnern in absolute Euphorie ausbrechen. Ein Handelsansatz, egal ob mechanisch oder diskretionär, darf niemals bewertet werden, bevor nicht mindestens 100 Trades gemacht worden sind. Ich denke, damit dürfte jedem klar sein, wo das Problem liegt. Trendfolge ist vielversprechend und kann extrem profitabel sein, aber – trotz allem – anspruchsvoll in der Umsetzung!

Fragen über Fragen, auf die es Antworten zu finden gilt …

Wie kann ich den Rainbow nutzen?

Sie können sich den Rainbow in vielerlei Hinsicht zu eigen machen. Wenn Sie einen Indikator zur Trendbestimmung und zur schnellen, einfachen Visualisierung der Trendstärke suchen, voilà: Benutzen Sie den Rainbow! Für mich eine der ganz großen Stärken dieses Ansatzes. In meinen Augen gibt es keinen Indikator, der so schnell und deutlich eine Trendstärke optisch widerspiegelt wie der Rainbow. Genauso lassen sich Stetigkeit und »Harmonie« der Bewegungen einfach visualisieren. Wollen Sie hingegen ein Timinginstrument, das Ihnen trendfolgende Ein- und Ausstiegssignale gibt? Dann werden Sie in diesem Buch ebenso fündig. Ich werde Ihnen unterschiedliche Methoden mit verschiedenen Risikovarianten vorstellen. Meistens wird der Rainbow als Signalgeber benutzt, um Trades mit engen Stop-Losses zu versehen. Diese Trades verfügen meist über ein hervorragendes CRV (Chance-Risiko-Verhältnis). Wem dies allerdings zu aggressiv erscheint, kann den Rainbow auch für konservativere Trade-Setups einsetzen.

Momentum – Die schwachen von den starken Trends unterscheiden!

Seit jeher gelten trendfolgende Systeme als profitable Möglichkeiten, an den Märkten Gewinne zu erwirtschaften. Die Definition eines Trends sagt allerdings noch nichts über die Stärke seiner Bewegung aus. Auch ein flacher, wenig impulsiver Trend muss als solcher klassifiziert werden. Es ist aber naheliegend, Trends zu suchen, die von einer hohen Dynamik getrieben sind. Die Grundannahme im Rainbow-Trading ist, wie bei allen trendfolgenden Ansätzen, das Trägheitsgesetz. Geht man einen Schritt weiter, so ist es logisch, folgende Annahme hinzuzufügen: »Etwas, das sich stark bewegt, neigt dazu, sich weiterhin stark zu bewegen.« Unter dieser Prämisse ist es zwangsläufig mehr als sinnvoll, die starken und ausgeprägten Trends ausfindig zu machen, um an diesen dann eine Zeit lang zu partizipieren. Hat man diese Herangehensweise einmal verinnerlicht, geht es nur noch um die Frage, wie der Trader diese Idee in die Tat umsetzen kann. Ich denke, es wird mir niemand widersprechen, wenn ich sage, dass es an der Börse zu jeder Zeit (in den unterschiedlichsten Basiswerten und Zeitebenen) immer wieder zu starken und oft auch unerwartet impulsiven Trendbewegungen kommen kann. Sind wir uns über diese Aussage einig, so nähern wir uns immer mehr der Frage, warum sich dennoch so viele Trader und Marktteilnehmer so unglaublich schwertun, diese Trends profitabel zu handeln. Die Antwort auf diese Frage ist relativ simpel! Erstens: Das Timing ist zu schlecht. Zweitens: Gewinne werden zu früh realisiert! Anders ausgedrückt, entweder die Trader sind zu ungeduldig oder sie verfügen nicht über das nötige Wissen. Ein- und Ausstiegspunkte sind nicht sinnvoll gewählt und das Risikomanagement verdient oft den Namen nicht. Trends und Ranges wechseln sich ständig ab. Entwickelt sich ein starker impulsiver Trend, so ist dieser gerade mit dem Rainbow sehr einfach zu erkennen. Das Schwierige für die meisten Trader ist, dass sie als Trendfolger eben zwangsläufig einer Bewegung erst eine gewisse Zeit hinterherschauen müssen, um die Definitionen eines Trends zu erfüllen. Fast alle Trader neigen dazu, Trends zu sehen, wo keine sind. Die kleinsten Ausbrüche (jeder Tick hoch oder runter) werden antizipiert. Schaffen es Trader, die Geduld aufzubringen, auf Bewegungen zu warten, die wirklich den Namen Trend verdienen, so haben sie einen wichtigen Schritt gemacht.

Die Basics

In diesem Kapitel soll es um die wichtigsten Begrifflichkeiten des Rainbow-Tradings gehen. Erfahren Sie, welche teils kreativen Wortschöpfungen die Traderszene für den Rainbow entwickelt hat.

Gleitende Durchschnitte – simpel, aber mächtig

Die komplette Rainbowstrategie ist auf gleitenden Durchschnitten (Moving Averages) aufgebaut. Bei den Ein- und Ausstiegs-Setups kommen auch andere charttechnische Instrumente wie z. B. Candlesticks oder Fibonacci-Retracements zum Einsatz. Deshalb soll es sich zu Beginn erst einmal rudimentär um gleitende Durchschnitte drehen. Gleitende Durchschnitte gehören nach wie vor zu den am häufigsten verwendeten und vielseitigsten Instrumenten in der Technischen Analyse. Insbesondere Trendfolgesysteme sind sehr häufig auf gleitenden Durchschnitten aufgebaut. Im Gegensatz zu der klassischen Formationslehre oder der Elliott-Wellen-Theorie sind Kauf- und Verkaufssignale von gleitenden Durchschnitten nicht diskutierbar. Gerade deshalb finden sie in Handelssystemen so häufig Beachtung. Was genau ist aber ein gleitender Durchschnitt? Er ist schlichtweg ein Durchschnitt von einer zuvor ausgewählten periodisch aufeinanderfolgenden Datenmenge. Nehmen wir als Beispiel einen 20-Tage gleitenden Durchschnitt auf Schlusskursbasis. Dabei werden die Schlusskurse der letzten 20 Tage addiert und danach durch 20 dividiert. Normalerweise werden gleitende Durchschnitte auf Schlusskursbasis berechnet. Üblich sind aber auch Einstellungen, die Eröffnungs-, Hoch- oder Tiefkurse berücksichtigen. Des Weiteren finden seltene Varianten Verwendung, die auf Pivotkursen oder Mittelwerten beruhen. Ein gleitender Durchschnitt hat in der Regel die Aufgabe, einen Trend bzw. seine Ermüdung zu signalisieren oder gar dessen Umkehr anzuzeigen. Er ist von seinem Wesen her als zeitverzögerter Indikator zu sehen und kann auch als geschwungene Trendlinie bezeichnet werden. Ein gleitender Durchschnitt, der aus einer Datenhistorie längerer Periode gebildet wird wie z. B. der 200-Tage-Durchschnitt, ist deutlich träger, als wenn man nur 5 Tage als Berechnungsgrundlage gewählt hat. Der längere Durchschnitt schafft es oft, starke, langanhaltende Trends ohne häufige Fehlsignale anzuzeigen. Allerdings wird er am Anfang bzw. Ende des jeweiligen Trends erst spät eine neue Marktphase anzeigen. Ein kürzerer gleitender Durchschnitt hingegen spielt genau hier seine Stärke aus und ist deutlich schneller in einem neu etablierten Trend investiert. Allerdings ist ein Trader immer mit einer höheren Anzahl an Fehlsignalen konfrontiert.

SMA – Der einfache gleitende Durchschnitt

Der SMA (Simple Moving Average) ist der am meisten verwendete und älteste gleitende Durchschnitt. Er ist auch als arithmetisches Mittel bekannt. Diese Variante gewichtet jeden relevanten Kurs gleich. Bei einem 20-Tage-SMA bedeutet dies, dass der Schlusskurs von vor 20 Tagen dieselbe Gewichtung erhält wie z. B. der aktuelle. In diesem Beispiel erhält jeder der 20 Schlusskurse somit ein Gewicht von 5 %.

WMA – Der linear gewichtete gleitende Durchschnitt

Beim WMA (Weighted Moving Average) wird den Tagen, die erst kürzer zurückliegen, ein höheres Gewicht verliehen. Dies geschieht nach folgender Systematik: Der Schlusskurs des zwanzigsten Tages (aktueller Schlusskurs) wird mit 20 multipliziert, der 19. Schlusskurs mit 19 multipliziert, der 18. mit 18 multipliziert usw. Die Summe dieser Produkte wird anschließend durch die Summe der Multiplikatorzahlen (hier: 20 + 19 + ... + 2 + 1) geteilt.

EMA – Der exponentiell geglättete gleitende Durchschnitt

Ein EMA (Exponential Moving Average) weist den Kursen der jüngeren Vergangenheit ebenfalls mehr Gewicht zu als den weiter zurückliegenden, umfasst aber alle Daten der gesamten Datenreihe, ohne dass in der Berechnung ein Kurs am Ende herausfällt, sobald ein neuer hinzukommt. Die EMAs stellen in gewisser Weise eine Weiterentwicklung der WMAs dar. Man muss aber deutlich sagen, dass der EMA dem WMA nicht überlegen ist. Beide haben in unterschiedlichen Marktphasen Vorteile. Es gibt minimale Unterschiede in der Berechnung. Eine Variante besteht darin, dass man dem letzten Tag einen bestimmten prozentualen Wert zuweist und dieser zum Wert des Vortages addiert wird. Die Summe beider Prozentwerte ergibt immer 100. Zum Beispiel könnte dem letzten Tag ein Wert von 20 %

zugewiesen werden, der dann zum Wert des Vortages von 80 % addiert wird. In diesem Beispiel wird somit dem letzten Tag ein Anteil von 20 % am Gesamtgewicht beigemessen.

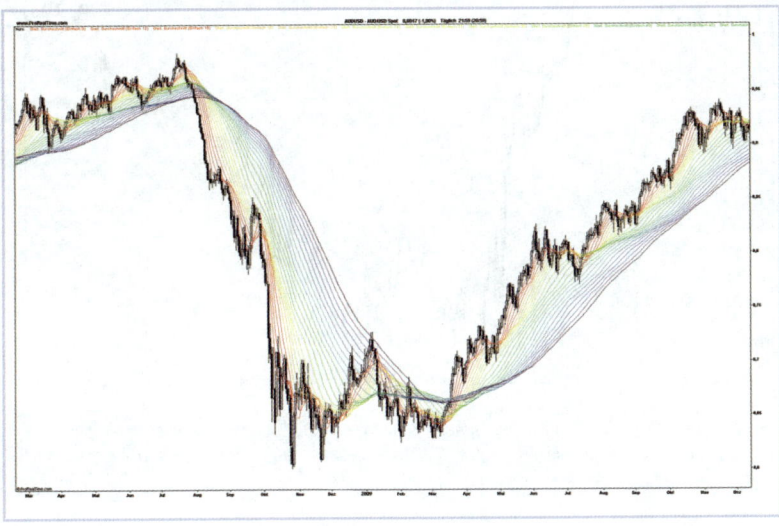

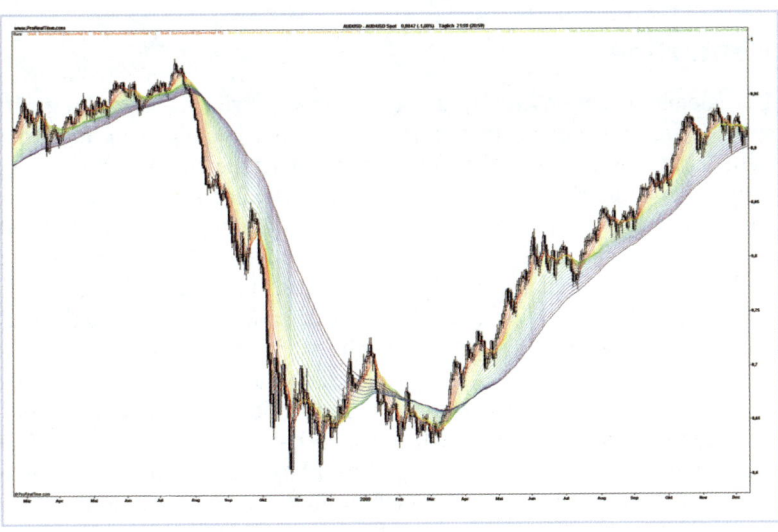

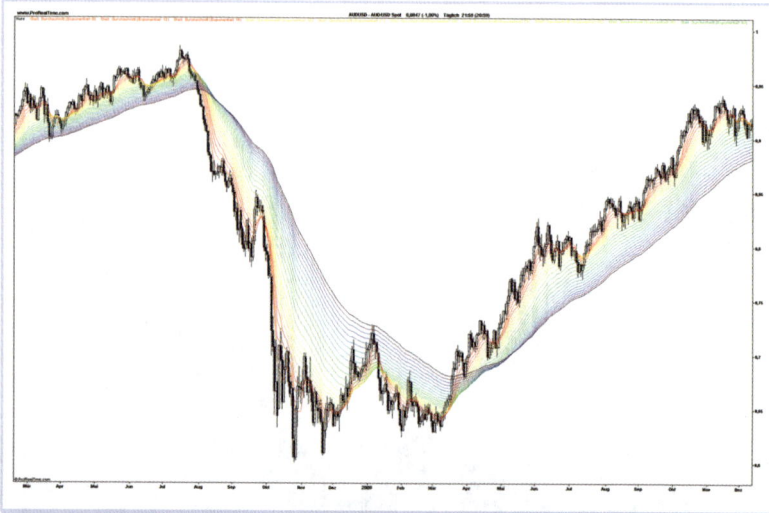

Abb.1: Der Chart zeigt das Währungspaar AUD/USD zwischen März 2008 und Dezember 2009 im Rainbow mit gleitenden Durchschnitten, die als SMA, WMA und EMA berechnet werden. Es ist zu erkennen, dass Unterschiede zu Tage treten.

Centerline

Der gleitende Durchschnitt, der die längste Perioden-Einstellung hat, wird Centerline genannt und ist gleichzeitig der wichtigste im Rainbow-Setup. Mit diesem gleitenden Durchschnitt wird die Trägheit bzw. Reagibilität des kompletten Systems gesteuert. Die Centerline definiert das Bull/Bear-Level. Wählen Sie eine träge Einstellung wie 100, 150 oder 200, so werden Sie damit die Signalgenerierung respektive Dauer bis zu einem definierten Trendwechsel deutlich verlängern. Im Gegensatz dazu sind Einstellungen von 80, 50 oder 30 deutlich schneller, um einen Trendwechsel anzuzeigen. Vor- und Nachteile sind offensichtlich. Eine träge Centerline »reitet« einen Trend wesentlich länger als eine schnelle, braucht aber auch länger, um einen neuen Trend zu definieren. Was besser oder schlechter ist, lässt sich nicht abschließend beantworten. Jede Centerline hat in einer bestimmten Marktphase klare Vorteile. Auf lange Sicht sind beide Varianten aber gleich profitabel zu handeln. Hier geht es nur um die Disziplin, die einmal gewählte Variante auch in Drawdown-Phasen nicht zu verwerfen. Marktverhältnisse verändern sich ständig. Mal zu Ihren Gunsten, das nächste Mal zu Ihren Ungunsten. Das einzig Wichtige ist der Erwartungswert der Trades auf lange Sicht. Vermeiden Sie Überoptimierungen!

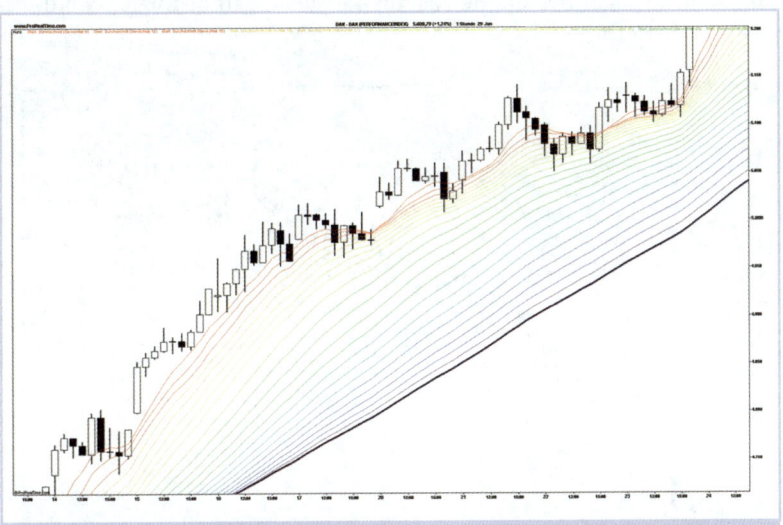

Abb. 2: Sie sehen den DAX®-Index im 1-Stundenchart. Eine Kerze steht für den Handel einer Stunde. Im Kapitel: »Rainbow-Trading – Der Einstieg in den Trade« erfahren Sie in einem kleinen Exkurs in die Chart-analyse die wichtigsten Grundsätze zu den einzelnen Chartdarstellungen. In diesem Chart ist die Centerline dick hervorgehoben.

Fastline

Genau das Gegenteil der Centerline ist die Fastline. Wie der Name schon sagt ist sie der gleitende Durchschnitt mit der niedrigsten Perioden-Einstellung. Warum ist die Fastline so wichtig? Weil sie maßgeblich an der Signalgenerierung beteiligt ist. Im späteren Verlauf des Buches werden verschiedene Fastline-Einstellungen zu sehen sein, die bei unterschiedlichen Trade-Setups Verwendung finden. Bei der Wahl der Perioden-Einstellung steht der Trader vor einer weiteren Frage, die es zu klären gilt.

Will er mit einem aggressiven Stop-Loss traden, so wird er eine schnelle Fastline mit Einstellungen wie z. B. 7, 8, 9 oder 10 wählen. Sucht er hingegen nach konservativen Entries und Exits, so wird er sich für eine träge Fastline mit vielleicht den Einstellungen 20, 25, 30 oder 40 festlegen. Welche Auswirkung die Wahl der Centerline auf die Trade-Setups hat, und welche sogar bestimmte Fastline-Einstellungen bedingen, werde ich später erläutern.

Abb. 3: Es handelt sich um den gleichen Chart des DAX® wie in Abb. 2! Diesmal ist die Fastline hervorgehoben.

Spin

Ein Spin im Rainbow-Trading zeigt eine komplette Trendumkehr an. Das heißt: Alle gleitenden Durchschnitte wechseln von der einen auf die andere Seite. Anders als bei klassischen »Cross-Systemen«, die auf dem Kreuzen von zwei oder drei gleitenden Durchschnitten basieren, braucht der Rainbow-Zeit zum »Spinnen« (drehen). Das heißt: Ein System, das immer im Markt investiert ist, eine sogenannte Stop-and-Reverse-Taktik, ist mit dem Rainbow nicht möglich. [Ein Stop-and-Reverse-System eröffnet bei Erreichen des Stop-Loss/Trailing-Stop-Levels oder bei Auftreten eines entgegengesetzten Signals sofort eine Position in die andere Richtung. Ein solches Handelssystem könnte zum Beispiel aus zwei gleitenden Durchschnitten konstruiert sein.] Durch die Konstruktion des Rainbows als »Multi-Cross«-System generiert dieser nicht ein einziges Signal, wie z. B. den Durchbruch auf ein neues Hoch oder Tief, sondern benötigt Zeit, um sich wieder neu zu entfalten. Diese Zeit sollten Sie nicht als »verloren« ansehen, sondern als Filter, der Ihnen hilft, Trends von Ranges (siehe »Spinning Girl«) zu unterscheiden. Warten Sie immer den kompletten Spin des Rainbows ab. Darauf ist ein Großteil der Rainbowstrategie aufgebaut.

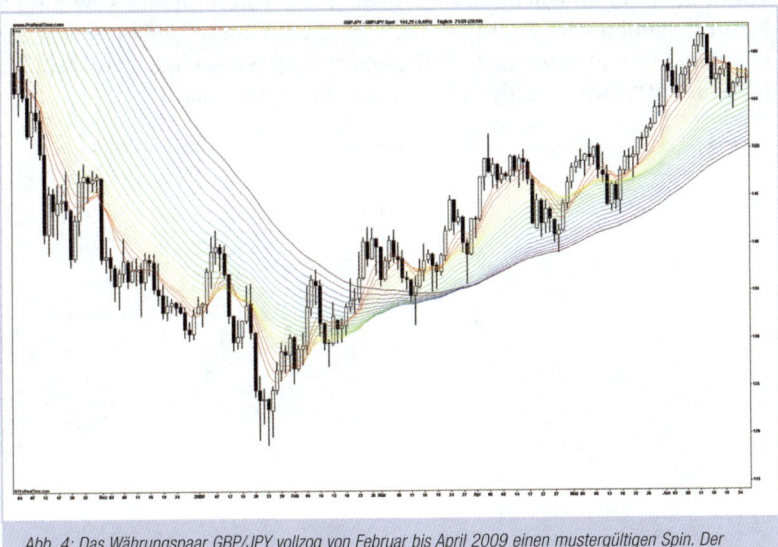

Abb. 4: Das Währungspaar GBP/JPY vollzog von Februar bis April 2009 einen mustergültigen Spin. Der Chart zeigt den Zeitraum vom 04.11–24.06.09.

Backspin

Wie der Name bereits andeutet ist der Backspin mit einem Spin verwandt. Allerdings ist mit dieser Begrifflichkeit eine Konsolidierung und nicht ein kompletter Trendwechsel gemeint. Die Ausgeprägtheit einer

Konsolidierung im Trend wird im Rainbow-Trading gemessen, indem der Trader beobachtet, wie viele gleitende Durchschnitte anfangen einzudrehen und wie tief der Preis in den Rainbow eintritt. Bei Backspins werden Red-, Yellow-, Green- und Blue-Backspins unterschieden. Sie alle signalisieren, wie stark eine Konsolidierung ausfällt. Per Definition sind Trends, deren Konsolidierungen als Red- und Yellow-Backspins ablaufen, stärker und impulsiver als solche, die tiefere Backspins beinhalten. Erstere sind somit auch bevorzugt zu traden. Impulsive, starke Trends tendieren mit einer hohen Wahrscheinlichkeit dazu, nur kurze Backspins zu vollziehen, bevor sie wieder ihre ursprüngliche Trendrichtung aufnehmen. Diese Bewegungen werden auch deshalb gerne gesucht, da sie dem Rainbow-Trader oft mögliche Trades bieten, die sofort in die gewünschte Richtung laufen. Der Stop-Loss wird bei diesen Trades nie in Bedrängnis kommen. Die folgenden Abbildungen zeigen verschieden ausgeprägte Backspin-Strukturen in der Theorie und im realen Markt.

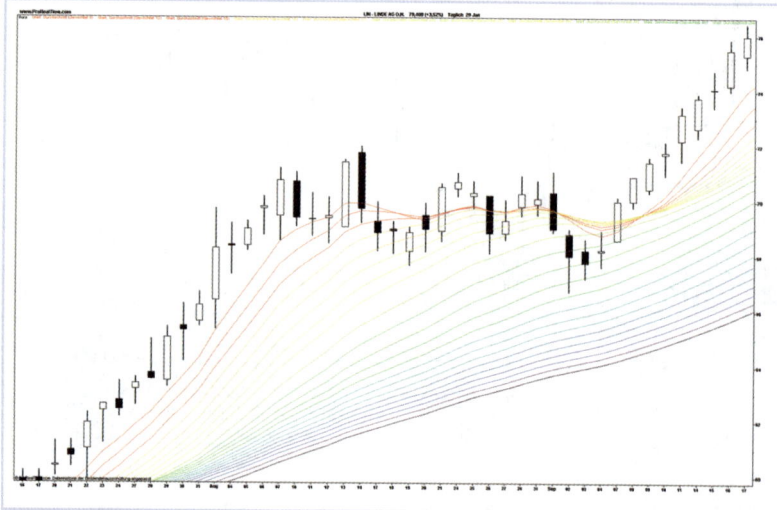

Abb. 5: Die Linde-Aktie vollzog von Mitte August 2009 bis Anfang September des gleichen Jahres einen flachen (Green-)Backspin. Nach einer Haussebewegung bis auf 72 € konsolidierte der Preis etwa drei Wochen lang. Anschließend wurde der Backspin mustergültig nach oben aufgelöst und es fand eine impulsive Rallye bis über 76 € statt.

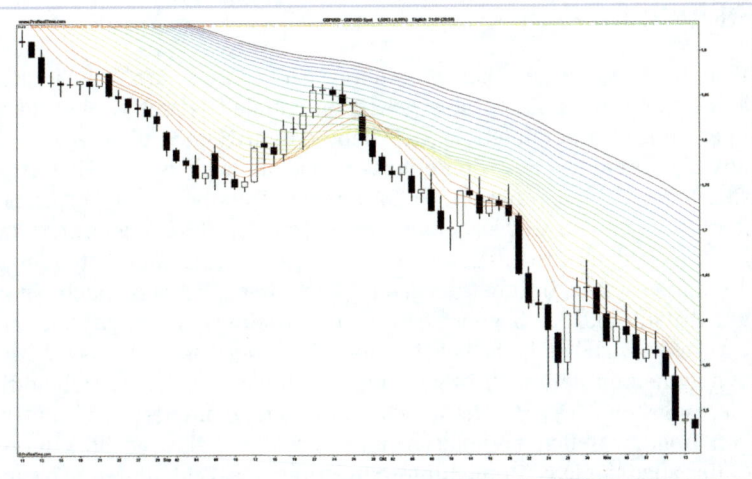

Abb. 6: Zu Beginn der Turbulenzen einer der größten Finanzkrisen der Geschichte wurde ein bearischer (Green-)Backspin im GBP/USD Ende September 2008 nach unten aufgelöst. Der Kurs fiel in den kommenden Tagen und Wochen crashartig! Der Rainbow-Trader konnte hiervon schön profitieren.

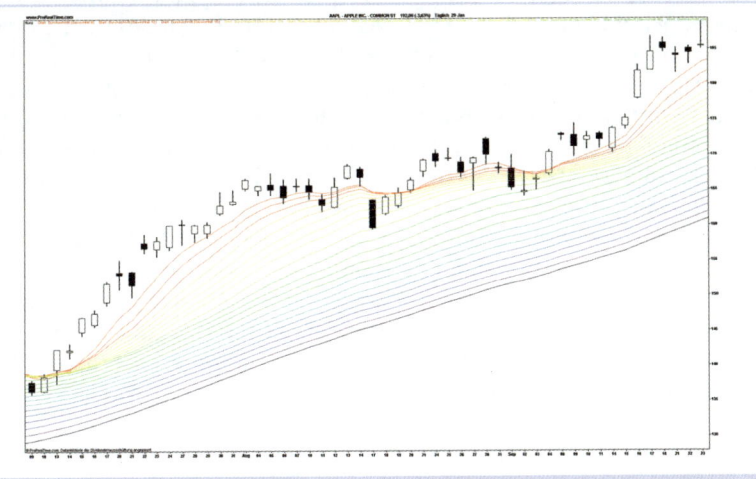

Abb. 7: Ein Aufwärtstrend der Apple-Aktie wurde im August 2009 nicht unterbrochen, aber zumindest zum Stillstand gebracht. Es entwickelte sich ein (Yellow-)Backspin, bevor der Kurs erneut stark anstieg.

Spinning Girl

Eigentlich wurde der Name »Spinning Girl« durch eine Animation bekannt, die Aufschluss darüber geben soll, ob der Betrachter eher Rechts- oder Linkshirn dominiert sei. Ich habe diesen Namen für mein Trading etwas entfremdet. Ein »Spinning Girl« ist für mich ein Basiswert bzw. Chart, der sich nicht für eine Richtung bzw. Trendbewegung entscheiden kann. Einfach ausgedrückt: Eine Range. In dieser Phase liefert der Rainbow unter dem Gesichtspunkt der möglichen Entries und Exits (wie alle Trendfolgesysteme) unbefriedigende Ergebnisse. Hier setzt auch ein großer Kritikpunkt der Gegner des Rainbow-Tradings an. Ist das »Spinning Girl« aber wirklich die Schwäche dieses Tradingstils? Ich muss dies deutlich verneinen! Für mich ist genau dieser Punkt eine der größten Stärken dieses Systems. Der Handelsansatz soll ja gerade die Basiswerte mit starken Trends von den »trendlosen« unterscheiden. Selbstredend kann man dafür auch andere Momentum-Indikatoren ins Feld führen. Für mich kann ich aber sagen, dass es der Rainbow schlichtweg am deutlichsten und einfachsten zeigt, ob und wie stark ein Trend ausgeprägt ist. Warum sollte ich als Rainbow-Trader einen Chart handeln wollen, der mir das Bild des »Spinning Girls« zeigt? »Das Mädchen« erfüllt definitiv seinen Zweck! Ich will um nichts in der Welt an diesem Punkt des Charts einen Trade als »Trendfolger« eingehen. Sieht ein Rainbow-Trader ein Spinning Girl, ist dieser Chart in diesem Moment uninteressant. Mancher Range-Trader wird wahrscheinlich genau solche Situationen suchen. Für mich als Trendfolger gibt es dort allerdings nichts zu holen. Ein trendfolgender Trader sollte nie den Fehler machen, jede Bewegung handeln zu wollen und überall Trends zu sehen, wo keine sind. Sie haben tausende Basiswerte, welche Sie noch zusätzlich in mehreren Timeframes auswerten können. Normalerweise kann man im Trading und an der Börse nichts mit 100 %iger Sicherheit sagen – an dieser Stelle allerdings schon! Ich verspreche Ihnen, dass es an den Märkten zu jeder Zeit Basiswerte gibt, die sich in impulsiven Trends bewegen, auch wenn es sich dabei nicht immer um Ihren Lieblingswert handelt.

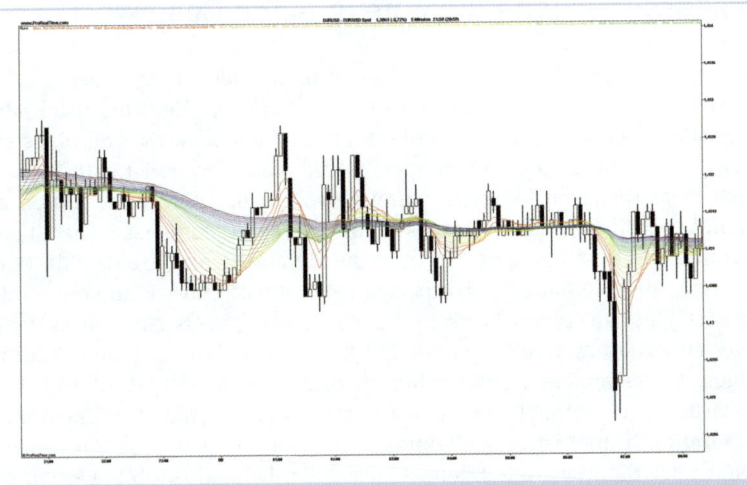

Abb. 8: Ein »Spinning Girl« im EUR/USD. Es handelt sich um einen 5-Minutenchart während der Nacht (Asian Session) des 8. Januars. Sehe ich als Trader so ein Chartbild, ist dies für mich als Trendfolger in diesem Zeitfenster vollkommen uninteressant.

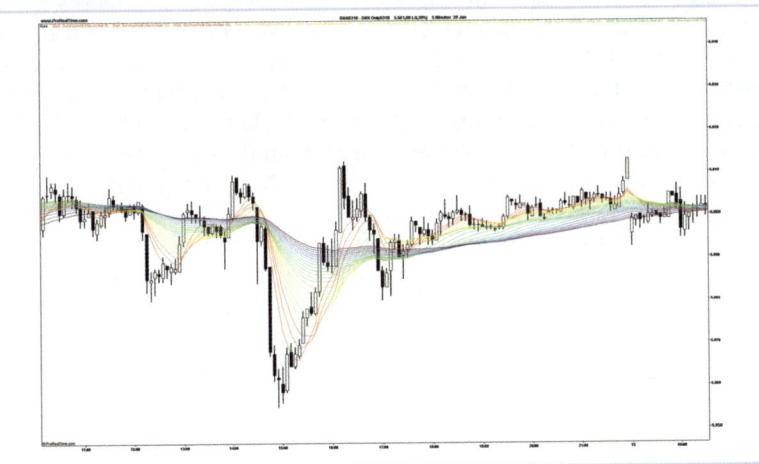

Abb. 9: Der FDax zeigte in der Zeit von 11 Uhr morgens bis zum Handelsschluss am 14. Januar 2010 ein »Spinning Girl«. Das Bild zeigt ebenfalls einen 5-Minutenchart. Der Future auf den deutschen Leitindex war nicht bereit, eine tendierende Bewegung zu vollziehen.

Exkurs: Verliebe dich nie in einen Basiswert!

Bis heute erschließt sich mir nicht, warum so viele Trader, aber auch Investoren, so sehr in einen Basiswert verliebt sind. Sieht man sich Handelsstatistiken von diversen Brokern an, und dabei ist es egal, ob es sich um gehandelte CFDs, Aktien oder Zertifikate dreht, so ist es offensichtlich, dass deutsche Marktteilnehmer zu 75 % den Dax bzw. Aktien aus dem Dax, MDax und TecDax handeln. Dieses Ergebnis ist keine Überraschung; aber es sagt sehr viel über die Herangehensweise der Marktteilnehmer aus. Sie bilden sich ein, den Heimatmarkt besser zu kennen. Die Trader glauben, einen Markt, den man täglich beobachtet, besser auswerten zu können und das, obwohl inzwischen fast 95 % aller kurzfristigen Trader angeben charttechnisch orientiert zu sein! Wie bitte?! Ein Charttechniker braucht nur den Chart, um seine Trade-Entscheidungen zu treffen. Dabei ist es vollkommen egal, ob Sie den Dax, ein Devisenpaar oder Baumwolle handeln. Es ist völlig belanglos, ob Sie einen Monats-Chart auswerten oder die 5-Minutencharts beobachten. Der Chart eskomptiert das komplette Wissen aller Marktteilnehmer. Warum also fällt es den meisten Tradern so schwer, von ihrem Liebling, dem Dax, zu lassen? Der erste Grund dafür ist die mediale Beobachtung dieses Index. Jede TV-Börsensendung, jede Zeitung und jedes Internetforum beschäftigt sich damit. Man bekommt das Gefühl vermittelt, mitten im Geschehen zu sein und den Index zu kennen. Eine Aktie aus dem SDax oder das Devisenpaar Euro/Norwegische Krone vermittelt den meisten Tradern dieses Gefühl nicht. Man will am Trader-Stammtisch mitreden können. Ist das zielführend? Definitiv nicht! Wenn ich ein hochlukratives Setup in einem Basiswert sehe, dann wird dieses gehandelt. Punkt! Ich kann Ihnen nur wärmstens empfehlen, sich nicht in einen Basiswert zu verlieben! Machen Sie nicht den Fehler, sich selbst Scheuklappen anzulegen. Wenn Sie als Trendfolger zum Beispiel den Dax immer im 10-Minutenchart beobachten, dieser aber gerade keinen Trend aufweist, dann suchen Sie in einem anderen Basiswert nach Chancen. Viele Händler beherzigen dies nicht. Sie erzwingen Trades in ihren Lieblingswerten, die absolut unsinnig sind! Und glauben Sie mir eines: Sie kennen den Dax genauso wenig wie irgendeinen anderen Basiswert! Sind Sie anderer Meinung, dann machen Sie einen kostspieligen Fehler. Warum sollte in Situationen, in denen der Chart nicht zum eigenen Setup passt, ein Trade forciert werden? Dabei ist es egal, ob es sich um trendfolgende oder antizyklische Ansätze handelt. Suchen Sie einen Chart, der »Ihr« Setup aufweist. Warum fällt aber genau das den meisten Tradern so schwer? Weil die meisten Trader und Investoren eben doch nicht das handeln, was sie sehen. Es wird sogar in vielen Fällen missachtet, weil der Chart auf einmal nicht mehr zur Meinung des Traders passt. Das stimmt nicht? Oh doch, ganz sicher! Denn das ist der einzige und wirklich einzige Grund, warum ein Trader so sehr an einem Basiswert hängt. Er fühlt sich sicher, weil er glaubt, durch all die Berichterstattung und die vielen Analysen, die zum Beispiel über den Dax veröffentlicht werden, sich ein Bild über die Zukunft machen zu können. Fakt ist aber, es gibt keine Kristallkugel, die die Zukunft vorhersagt. Fakt ist auch, dass Trader nichts anderes machen, als Wahrscheinlichkeiten zu handeln. So kann die Wahrscheinlichkeit bestimmter Formationen, Setups etc., auf lange Sicht einen schönen Profit zu erwirtschaften, durch Back- bzw. Forwardtests und durch disziplinicrtes reales Handeln einwandfrei belegt werden. Daran gibt es keinen Zweifel! Dazu brauche ich keine Meinung und auch nicht zu wissen, um welchen Chart es sich handelt! Es gibt dutzende Versuche mit Tradern, die zeigen, wie ausgeprägt der »Homebias« bzw. die Sucht, den favorisierten Markt zu handeln, sein kann. Zum Beispiel untersuchte ein bekannter Trader-Coach bei 20 zufällig ausgewählten Tradern eines CFD-Brokers, wie diese ein nachweislich profitables Handelssystem anwendeten, das ihnen gelehrt wurde. Von allen möglichen Fehlern, die gemacht wurden, war einer, dass 15 der 20 Beteiligten dieses Handelssystem nur auf *einen* Markt angewandt hatten. Diese Trader warteten lieber mehrere Tage auf ein passendes Setup, anstatt dieses Setup in anderen Märkten zu suchen. Die meisten guten Handelssysteme brauchen geradezu die Diversifikation über verschiedene Märkte und Basiswerte, um die unterschiedliche Dynamik der einzelnen Underlyings zu nutzen. Oft führt dies zu einer signifikanten Glättung der Performancekurve! Systeme, die nur in einem bestimmten Markt oder bestimmten Timeframes funktionieren, sind mit ziemlicher Sicherheit in Backtests überoptimiert worden und werden über kurz oder lang versagen. Ein gutes Regelwerk bzw. System muss auf mehreren Zeitebenen und in verschiedenen Märkten funktionieren. Deshalb ist es zwangsläufig notwendig, ein Regelwerk, egal ob mechanisch oder mit diskretionären Einflüssen, in verschiedenen Märkten, Basiswerten und unter Umständen auch in verschiedenen Timeframes (die möglichst wenig miteinander korrelieren) einzusetzen. Lassen Sie sich niemals von Systemen blenden, die für einen bestimmten

Markt als »Heiliger Gral« verkauft werden. Nur wenn konstante Gewinne in verschiedenen Märkten vorzuweisen sind, kann das System als stabil bezeichnet werden.

Burning Flame

Von einer Burning Flame spricht man, wenn der Rainbow voll aufgefächert ist und die roten gleitenden Durchschnitte in einer impulsiven momentumgetriebenen Phase den Rainbow nahezu auseinanderreißen. Diese Phasen sind für reine Momentum-Trader überaus lukrativ.

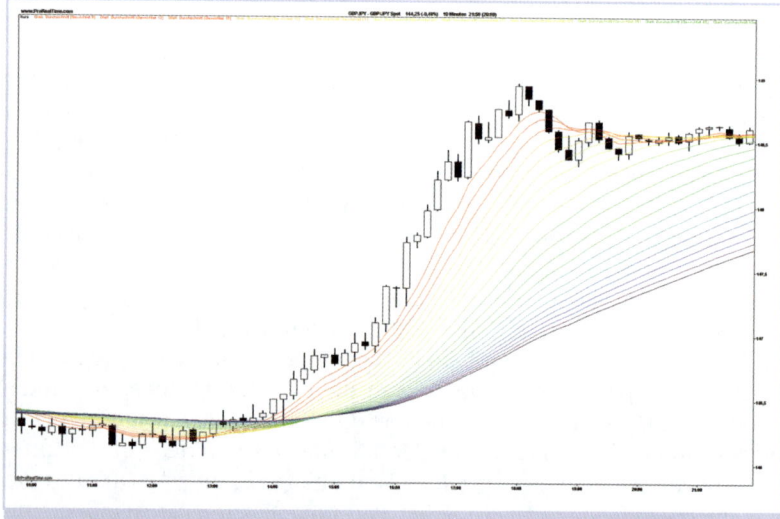

Abb. 10: Nach einer engen Range in der Mittagsflaute zog der Kurs des GBP/JPY impulsiv an. Die gleitenden Durchschnitte wurden regelrecht aufgerissen. Die Fastlines ziehen den Rainbow schlagartig auseinander: »Die Flamme brennt!«

Setup-Einstellungen

Nachdem wir die Basics kennengelernt haben, möchte ich nun auf die verschiedenen Setup-Einstellungen des Rainbows eingehen. Als Erstes muss hier geklärt werden, ob der Trader den Rainbow als Filter und/oder als Timinginstrument inklusive Ein- und Ausstiegssignalen verwenden will. Es gibt verschiedene Standardeinstellungen des Rainbows, die als Lazybow und (Full-)Rainbow bezeichnet werden. Und, wie könnte es auch anders sein: Es gibt bei diesen Standardeinstellungen noch unzählige Variationen und Unterformen. Aber der Reihe nach.

(Full-)Rainbow

Der Rainbow besteht aus vielen gleitenden Durchschnitten einer »Familie«. Das können SMAs, WMAs oder EMAs sein. Wie viele und welche Durchschnitte gewählt werden, ist ganz unterschiedlich. Gängige Einstellungen verwenden zwischen 10 und 25 WMAs oder EMAs. Einfache gleitende Durchschnitte (SMAs) finden nicht ganz so häufig Verwendung. Durch die jeweils gewählten Perioden-Einstellungen, deren Zahlenwerte in kurzen Abständen gestaffelt aufeinanderfolgen, erhält man den bekannten »Rainbow-Fächereffekt«. Als Beispiel stelle ich Ihnen hier ein gängiges Setup vor: Dieser Rainbow wird aus verschiedenen WMAs gebildet. Man beginnt mit dem WMA (10). Danach werden weitere Durchschnitte im Abstand von 4 Perioden-Einheiten erstellt. Die Centerline bildet der WMA (98). Somit haben Sie im Chart die WMAs 10, 14, 18, 22, 26, 30, ..., ..., ..., 90, 94, 98 (ähnlich wie im nächsten Chart zu sehen) eingestellt.

Um auch wirklich den Rainbow im Chart zu sehen, erfolgt zum Schluss die Farbgebung der einzelnen Durchschnitte. Diese erfolgt in der regulären Abstufung der Spektralfarben des Regenbogens: rot, orange, gelb, grün, blau und violett!

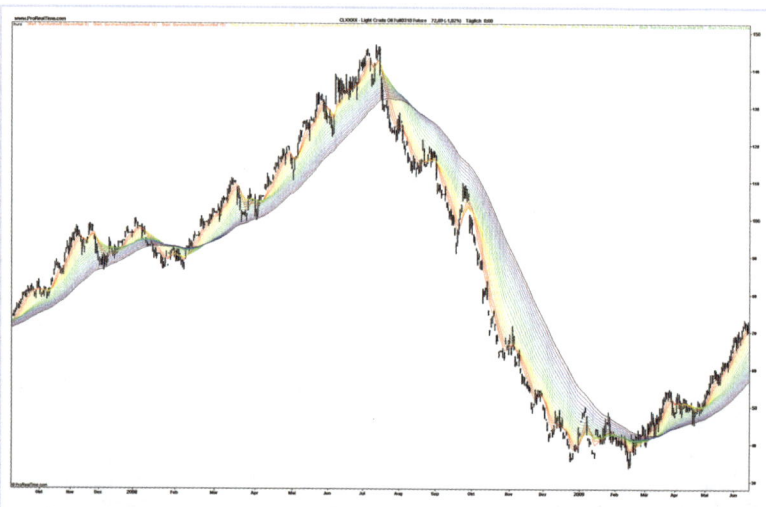

Abb. 11: Hier sehen Sie den Rainbow auf den WTI-Leichtöl-Future angewandt. Dabei handelt es sich um den adjustierten Endloskontrakt. Bereits in diesem Beispiel ist zu erkennen, wie mächtig eine Trendfolgestrategie sein kann. Alle signifikanten Bewegungen konnte der Rainbow in der Zeit von September 2007 bis Juni 2009 anzeigen. Als ob der Kurs vom Rainbow getragen respektive gedrückt würde, läuft er wie auf Schienen.

Abb. 12: Spektralfarben des Lichts.

Es gibt keine andere Farbfolge, die von der überwältigenden Mehrheit der Menschen als so harmonisch angesehen wird, wie die des Regenbogens. Mit Sicherheit ist das auch ein Grund, warum der Rainbow zur Visualisierung von Trends so gerne verwendet wird.

Lazybow

Diese Variante des Rainbows ist eigentlich dafür bestimmt, dem Trader als Filter zu dienen. Seine Aufgabe ist es, den Trend möglichst einfach darzustellen. Wie alle Formen des Rainbows nutzt auch er die Vorteile des »Spinning Girls«, um trendlose Phasen visuell zu verdeutlichen. Man muss aber konstatieren, dass dieses im Lazybow sehr viel flacher und gradliniger verläuft als im (Full-)Rainbow. Manchmal ist das Spinning Girl so wenig ausgeprägt, dass es mehr an eine flache Linie erinnert. Der

Abb. 13: Hier sehen Sie den Lazybow im FDAX® 1-Std.-Chart mit 8 EMAs. Diese werden mit den Perioden-Einstellungen 200, 195, 190, 185, 180, 175, 170 und 165 berechnet. Wie der Trader unschwer erkennen kann, liegt ein solider Aufwärtstrend vor. Jeder Kursrückgang wird als zwischengeschaltete Korrektur klassifiziert. In diesem Fall gewinnt der Trend zusehends an Momentum. Dies ist am zunehmenden Auffächern der gleitenden Durchschnitte zu erkennen.

Lazybow umfasst natürlich mehrere gleitende Durchschnitte. Hier werden allerdings deutlich weniger benutzt als beim (Full-)Rainbow. Per Definition sind dies 6 bis 10 verschiedene Durchschnitte. Oft verwenden Rainbow-Trader eine Centerline von 50, 100 oder 200 Perioden-Einheiten. Der Lazybow ist hervorragend geeignet, um Trendfolgern unnötige Fehl-Trades zu ersparen. Er benötigt einen signifikanten Trendwechsel sowohl auf der Preis- wie auch auf der Zeitachse, um einen Spin zu vollziehen. Der Lazybow ist insbesondere dann wertvoll, wenn der Markt mit kurzen, scharfen Konsolidierungen viele Marktteilnehmer zu Positionsdrehungen veranlasst, um dann umgehend wieder den übergeordneten Trend aufzunehmen.

Abb. 14: Im zweiten Beispiel sehen Sie erneut den Lazybow auf den FDAX® angewandt. Der Preis fällt für mehrere Stunden unter den Lazybow. Trader, die nur einen gleitenden Durchschnitt im Chart haben, hätten unter Trendfolge-Gesichtspunkten mit hoher Wahrscheinlichkeit schon Short-Entries gesucht. Der Lazybow hingegen befindet sich in einem flachen Backspin und zeigt noch keine Trendumkehr an. Für einen Rainbow-Trader sind Short-Trades zu diesem Zeitpunkt nicht legitim! Kehrt der Kurs über den Lazybow zurück, kann der Trader nach Möglichkeiten suchen, den Markt long zu handeln. Welche Setups dafür in Frage kommen, erfahren Sie im entsprechenden Kapitel »Rainbow-Trading – Der Einstieg in den Trade«. Neben den dort erwähnten Varianten, einen Trade zu eröffnen, kann der Einstieg natürlich über jede beliebige Strategie erfolgen. In diesem Fall würde der Lazybow wie bereits erwähnt in erster Linie rein indikativ benutzt.

Rainbow-Trading – Der Einstieg in den Trade

Dieses Kapitel nimmt eine zentrale Rolle im vorliegenden Buch ein. Wie findet man einen Einstieg in den Trade? Selbstverständlich sind auch der richtige Ausstieg und eine sinnvolle Tradeverwaltung sehr wichtig. Aber der Reihe nach. Will man eine Spitzenperformance erreichen, schafft man das nur, wenn man so exakt und diszipliniert handelt, wie es nur irgend möglich ist. Das heißt natürlich auch, dass man sich vor jeder Handlung, egal ob Kauf, Verkauf oder Nachziehen von Stops, absolut klar darüber sein muss, wie in der jeweiligen Situation zu verfahren ist. Es ist dabei natürlich immer von Vorteil, einen möglichst genauen Plan zu haben, wie man vorgehen will. Die diskretionäre Komponente fällt hier von Trader zu Trader unterschiedlich groß aus. Dies kann bis zu komplett automatisierten Systemen reichen. Kein Profitrader fällt eine Entscheidung, und mag sie auch noch so klein sein, einfach »mal so«. Jede Handlung sollte ein Regelwerk als Grundlage haben. Ohne Plan zu handeln, ist auf lange Sicht desaströs. Dieser Trading-Plan sollte möglichst genau beschreiben, welche Kriterien bestimmte Handlungen auslösen. Nur so können Sie im hektischen (Day-)Trading selbstbewusst agieren. Ich empfehle dringend, diese Entscheidungskriterien schriftlich zu fixieren. Neben dem Plan sollte auch der unbedingte Wille, an eben diesem Plan genauestens festzuhalten, schriftlich niedergelegt werden. Vor allem während Drawdown-Phasen hilft es, etwas schwarz auf weiß vor sich zu haben, um ruhig und diszipliniert zu bleiben. Im Rainbow-Trading sind dafür genaue Kriterien festgelegt. Bitte beachten Sie, dass auch die übergeordneten Timeframes von Bedeutung sind und die Setups somit immer im Kontext zur aktuellen übergeordneten Marktlage zu sehen sind.

Exkurs: Klassische Chartanalyse

Für diverse Einstiegstechniken benötigt der Trader Grundkenntnisse über verschiedene Techniken der Chartanalyse. Diese werden hier kurz umrissen, um auch dem Anfänger die Möglichkeit zu geben, ein sehr wichtiges

Kapitel des Rainbow-Tradings zu verstehen. Für ein weitergehendes Studium der Technischen Analyse bzw. Charttechnik empfehle ich dringend eine vertiefende Lektüre!

Candlesticks (Kerzencharts)

Diese Chartdarstellung erlebte in den letzten 20 Jahren einen regelrechten Boom. Waren die Kerzen früher eher eine Rarität, sind sie heute für die meisten Trader absoluter Standard. Entwickelt wurde die Candlestick-Technik in Japan. Ein Kerzenchart enthält dieselben Daten wie ein Balkenchart. Allerdings visualisieren die Kerzen den Informationsgehalt wesentlich deutlicher. Da es im Rainbow-Trading um eben diese einfache Form der Visualisierung der Marktlage geht, ist es nur konsequent, Kerzencharts zu verwenden. Oft sagt ein Bild mehr als tausend Worte.

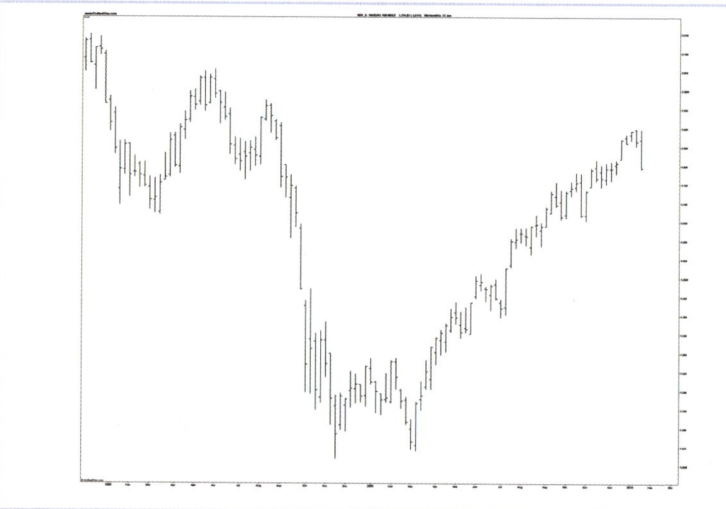

Abb. 15 und 16 zeigen jeweils den Nasdaq-100 Kassaindex im Wochenchart (eine Kerze bzw. ein Handelsstab stellt die Handelsspanne einer Woche dar). Der amerikanische Index mit den 100 größten Tech-Werten der USA ist oben als Balkenchart dargestellt. Beide Charts umfassen den Zeitraum von Dezember 2007 bis Februar 2010. Die Preisachse ist linear skaliert. Balkencharts waren und sind immer noch besonders in den USA beliebt. Allerdings finden auch dort die Candlesticks immer mehr den Weg auf die Bildschirme der Trader. Die Balkencharts hingegen verschwinden zusehends. Beide Darstellungsformen enthalten die gleichen Informationen. Es werden Schluss-, Eröffnungs-, Tiefst- und Höchstkurs dargestellt.

Ein Balkenchart liefert uns folgende Informationen:

> Das obere Ende des Balkens zeigt den Höchstkurs an.
> Das untere Ende des Balkens zeigt den Tiefstkurs an.
> Die gesamte Höhe des Balkens zeigt die Schwankungsbreite der jeweiligen Periode an.
> Der kleine Strich auf der linken Seite zeigt den Eröffnungskurs an.
> Der kleine Strich auf der rechten Seite zeigt den Schlusskurs an.

Der größte Unterschied zu den Kerzencharts liegt darin, dass die Balkencharts durch ihr Aussehen die Schluss- und Eröffnungskurse nicht so stark betonen. In den Kerzencharts jedoch sind gerade diese beiden Informationen von herausragender Bedeutung und stechen sofort ins Auge!

Abb. 16: Derselbe Chart, allerdings in Form der Candlestick-Darstellung. Im Vergleich stellt die Kerze das Kräfteverhältnis zwischen Bullen und Bären visuell wesentlich deutlicher dar als der Balkenchart. Aus diesem Grund werden in diesem Buch alle verwendeten Charts als Kerzencharts dargestellt.

Wie werden nun die Informationen über Eröffnungs-, Schluss-, Tiefst- und Höchstkurs im Kerzenchart angezeigt?

> Die Kerze setzt sich aus Körper und Docht (bzw. Lunte) zusammen.
> Das Rechteck wird Körper genannt und bildet sich aus dem Eröffnungs- und dem Schlusskurs. Wenn dieser Körper schwarz ist, so liegt der Schlusskurs unter dem Eröffnungskurs der jeweiligen Periode. Ist hingegen der Körper weiß, so befindet sich der Schlusskurs über dem Eröffnungskurs.
> Die dünnen Striche über bzw. unter dem Körper werden Dochte, Lunten oder Schatten genannt. Leider werden diese Namen heutzutage nicht immer einheitlich benutzt, so dass eine allgemeingültige Bezeichnung nicht möglich ist. Im folgenden Verlauf werde ich daher den Begriff »Schatten« verwenden. Die Schatten zeigen die Hoch- und Tiefpunkte der jeweiligen Kerze an, sofern diese nicht gleichzeitig Eröffnungs- bzw. Schlusskurs sind. Das untere Ende des dünnen Strichs zeigt den Tiefstkurs an. Das obere Ende des dünnen Strichs zeigt den Höchstkurs an.

In der direkten Gegenüberstellung sind die wichtigen Unterschiede leicht zu erkennen. Die Informationen sind exakt die gleichen.

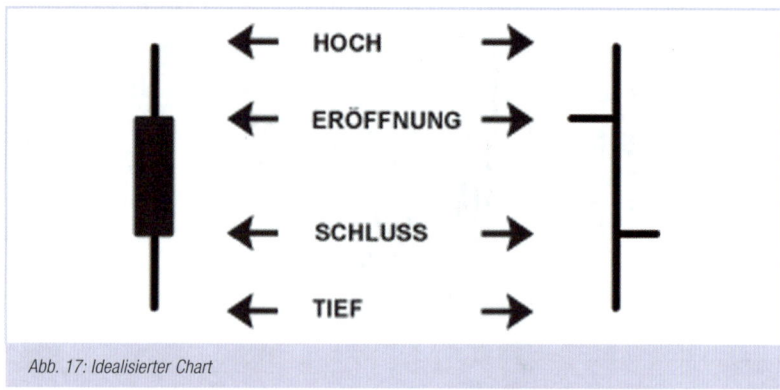

Abb. 17: Idealisierter Chart

Wichtig: Die einzelnen Kerzenmuster bzw. -formationen haben im Rainbow-Trading manchmal eine leicht unterschiedliche Bedeutung bzw. Namensgebung! Spricht man im Rainbow-Trading von einem Hammer, wird dieser Name auch dann eingesetzt, wenn der Markt in einem intakten Aufwärtstrend ist. Bitte beachten Sie immer, ob man von der klassischen Candlestick-Lehre spricht oder im Zusammenhang mit dem Rainbow-Trading! Folgende Candlesticks sind im Rainbow-Trading von Bedeutung:

Der Hammer / Hanging Man

Klassische Candlestick-Lehre: Der Hammer ist eine bullishe Kerzenform. Als Hammer wird eine Kerze bezeichnet, die einen kleinen »hochstehenden« Körper (schwarz oder weiß) ohne oberen Schatten (oder mit einem nur sehr kleinen oberen Schatten) besitzt und einen langen unteren Schatten hat, der mindestens doppelt so lang sein sollte wie der Kerzenkörper des Hammers. Die Länge des Schattens ist deshalb ein so wichtiges Kriterium, da sie signalisiert, dass der Markt nach der Eröffnung stark gefallen ist, um sich zum Schluss hin wieder sehr deutlich zu erholen. Welche Aussage steht dahinter? Die Bären konnten den Verkaufsdruck nicht aufrechterhalten und die Bullen übernahmen im Laufe der Periode das Ruder. Entsteht im Falle eines Schlusskurses, der über dem Eröffnungskurs liegt, ein weißer Hammer, so deutet dieser auf noch mehr Kraft der Bullen hin und kann als stärkeres Signal für eine eventuell anstehende Haussebewegung gewertet werden.

Klassische Candlestick-Lehre: In einem starken Aufwärtstrend wird das gleiche Kerzenmuster wie der Hammer als Hanging Man bezeichnet. Der Hanging Man deutet eigentlich auf eine mögliche bearische Trendwende hin. Allerdings bedarf der Hanging Man der Bestätigung durch die Folgekerzen. Der Hanging Man gilt als bestätigt, wenn die Folgekerze unter die Range des Hanging Man fällt. Besonders stark ist das Signal, wenn diese auch dort schließt. Generell ist der Hanging Man signifikanter, wenn der Kerzenkörper schwarz ist.

Der Hammer / Hanging Man im Rainbow-Trading: Im Rainbow-Trading werden Kerzen als Bullish Hammer bezeichnet, wenn sie direkt in einem intakten Aufwärtstrend oder nach kurzen zwischengeschalteten Backspins auftreten. Ein Bullish Hammer im Rainbow ist eine Kerze, die einen Schatten von mindestens 100 % der Länge des Körpers aufweist. Der Schlusskurs sollte auch gleichzeitig das Periodenhoch darstellen bzw. in den oberen 20 % der Range liegen! Der Körper muss entsprechend gefärbt sein. Hier im Aufwärtstrend muss er einen weißen (bzw. keinen) Körper aufweisen. Im Rainbow-Trading treten somit signifikante Unterschiede in der Definition von einem Bullish Hammer im Vergleich zu Hammer und Hanging Man aus der klassischen Lehre auf!

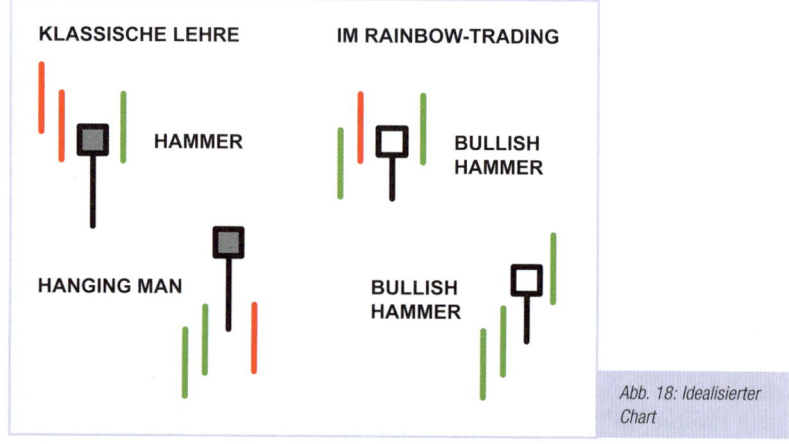

Abb. 18: Idealisierter Chart

Shooting Star / Inverted Hammer

Klassische Candlestick-Lehre: Der Shooting Star stellt eine obere Umkehr dar. Der Shooting Star kommt recht häufig vor und ist auch oft Teil von Formationen, die aus mehreren Kerzen bestehen. Bei einem Shooting Star sollte der obere Schatten mindestens zweimal so lang sein wie der Körper, dessen Farbe schwarz oder weiß sein kann. Es sollte keinen oder nur einen minimalen unteren Schatten geben. Welche Aussage verbirgt sich hinter dem Shooting Star? Die Bullen konnten den Kurs nicht weiter nach oben drücken und die Bären haben im Lauf der Periode zurückgeschlagen! Zeigt der Körper eine schwarze Färbung, so ist dies als stärkeres bearisches Signal zu bewerten. Extrem aussagekräftig ist ein Shooting Star, wenn er nach einem Aufwärts-Gap (einer sogenannten Erschöpfungslücke bzw. Exhausting Gap) auftritt!

Klassische Candlestick-Lehre: Ein Inverted Hammer ist wie der »normale« Hammer ein potenzielles bullishes Trendwendesignal. Wiederum sollte der Schatten doppelt so lang sein wie der Körper. Die Farbe desselben ist abermals nicht zwingend von Bedeutung, allerdings ist hier ein weißer Körper als aussagekräftiger für einen potenziellen Boden zu sehen. Er tritt nach einem Abwärtstrend auf und signalisiert ein erstes Aufflackern der bullishen Marktkräfte. Die Bären waren nicht mehr imstande, während dieser Periode die Kurse noch weiter zu drücken.

Der Shooting Star / Inverted Hammer im Rainbow-Trading: Hier werden beide Kerzenformen immer als Bearish Hammer bezeichnet! Es ist egal, ob ein Bearish Hammer in einem intakten Abwärtstrend oder in (bzw. nach) einem Backspin auftritt. Er wird definiert als Kerze, die einen langen Schatten aufweist, der mindestens gleich lang wie der Körper ist. Der Bearish Hammer muss gemäß Regelwerk auf Periodentief schließen oder zumindest in den unteren 20 % der Range. Der Körper muss schwarz sein. Einzige Ausnahme stellt eine Kerze dar, bei der Eröffnungs- und Schlusskurs auf einem Niveau liegen und die Kerze somit keinen Körper besitzt. Im Rainbow-Trading treten somit signifikante Unterschiede in der Definition von einem Bearish Hammer im Vergleich zu Shooting Stars oder Inverted-Hammer-Kerzen auf!

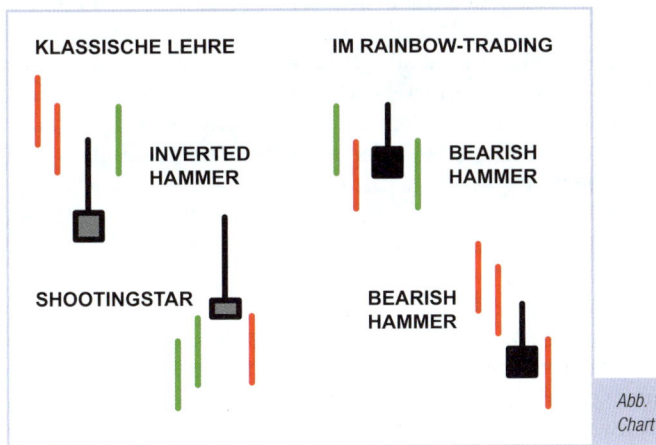

Abb. 19: Idealisierter Chart

Bullish- und Bearish Engulfing Pattern

Klassische Candlestick-Lehre: Die bisher besprochenen Kerzenmuster bestehen aus nur einer Kerze. Das Engulfing Pattern besteht dagegen immer aus zwei Kerzen. Es ist generell als wichtiges Trendwendemuster zu sehen. Welche Kriterien müssen für ein Bullish- bzw. Bearish Engulfing Pattern erfüllt sein? Für ein Bullish Engulfing Pattern muss ein Abwärtstrend vorliegen, an dessen Ende eine kleine schwarze Kerze von einer langen weißen Kerze komplett umschlossen wird. Die Definition verlangt, dass die schwarze Kerze komplett vom Körper der weißen umschlossen wird (engulfing = »verschlingend«). Wie kann das sein? Durch ein Gap! Diese Gaps sind Kurslücken und treten deshalb zu Tage, weil es an den internationalen Börsen keinen Handel rund um die Uhr gibt. Gaps können overnight oder overweekend entstehen (Intraday-Gaps sind sehr selten!). Zum Beispiel handelt es sich bei einem »Gap Up« eines Basiswertes um eine Kurslücke zur Oberseite. In diesem Fall handelt der Wert oberhalb des Höchstkurses des Vortags. Bei einem »Gap Down« eröffnet beispielsweise eine Aktie unterhalb des Tiefstkurses des Vortags. Das Gap ist also der Bereich, in dem die Aktie nicht gehandelt wurde. Der einzige Markt, der diesem Gap-Risiko zumindest wochentags nicht ausgesetzt ist, ist der Devisenmarkt (Forex). Dieses Marktsegment handelt die Woche über, ohne zu schließen. Nur am Wochenende findet auch hier kein Handel statt. Ein Day-Trader schließt seine Positionen meist während der Handelszeiten, um keinem Gap-Risiko ausgesetzt zu sein. Somit ist ersichtlich, wie es sein kann, dass die zweite Kerze eines Engulfing-Musters die erste, kleine Kerze mit ihrem Körper komplett umschließt.

Eine kleine Variation ist, dass nicht der Körper der weißen Kerze die schwarze umschließen muss, sondern dass bereits die Schatten der weißen Kerze ausreichen (nur der Körper der weißen Kerze umschließt den Körper der schwarzen). – Ein Bearish Engulfing Pattern entsteht, wenn nach einem Aufwärtstrend eine lange schwarze Kerze eine kurze weiße Vorgängerkerze komplett umschließt. Bei diesem Muster sollte klassischerweise der Körper der schwarzen Kerze die kleine weiße Kerze komplett umschließen. Besonders aussagekräftig ist ein Engulfing Pattern, wenn die lange Kerze deutlich größer ist als die kurze Kerze. Je größer die Differenz, desto signifikanter das Pattern. Während eines Bearish Engulfing Patterns verlieren die Bullen an Kraft und die Bären kommen schlagartig zurück. Dies geht mit einem deutlichen Anstieg der Volatilität einher. Im Falle des bullishen Pendants haben die bearisch gestimmten Marktteilnehmer keine Kraft mehr, die Kurse weiter zu drücken. Plötzlich kommen die Bullen zurück und drücken die Shorts aus dem Markt.

Abb. 20: Idealisierter Chart

Engulfing Pattern im Rainbow-Trading: Bei einem Bullish Engulfing Pattern im Rainbow-Trading gibt es in den übergeordneten Zeitebenen keine Abwandlung des klassischen Setups. Laut Lehrbuch muss ein Bullish Engulfing Pattern mit einem Gap unter dem Vorgänger-Tief eröffnen, um dann im Lauf der Periode komplett gekontert zu werden. Da das Rainbow-Trading aber auch sehr oft intraday im Forex- und Futures-Bereich eingesetzt wird, kann diese Regel hier kaum Anwendung finden. Warum ist das so? Aufgrund der sehr seltenen Intraday-Gaps! Deshalb muss im Day-Trading natürlich eine abgewandelte Definition gefunden werden. Es haben sich in der Rainbow-Trader-Szene folgende zwei Abwandlungen im Day-Trading als Konsens herauskristallisiert:

> Der Körper der langen Kerze muss nicht die komplette Range der kleinen umschließen. Es reicht, wenn der Schatten die Vorgängerkerze auf beiden Seiten überragt und der Schlusskurs über bzw. unter der kompletten Range liegt.

> Eine zweite Variante will im Unterschied zur ersten auch nicht mehr, dass der Schatten der langen Kerze die kleine überlappt. Es reicht ein gleicher Kurs bzw. ein Kurs, der nahe dem Extremwert des Schattens notiert. Der Schlusskurs muss allerdings wieder über bzw. unter der Range der kleinen Kerze liegen!

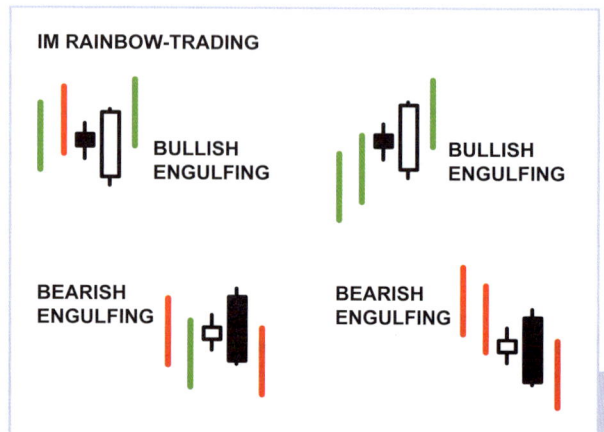

Abb. 21: Idealisierter Chart

Dow-Theorie

Die Grundlage der Charttechnik wurde von Charles H. Dow (Mitbegründer der Firma Dow Jones & Company) Anfang des 20. Jahrhunderts in mehreren Artikeln des Wallstreet Journals verfasst. Eine der Kernaussagen ist, dass ein bullisher Trend dadurch gekennzeichnet ist, dass höhere Verlaufshochs und höhere Verlaufstiefs ausgebildet werden. Ein bearischer Trend wird analog dazu durch tiefere Verlaufstiefs und tiefere Verlaufshochs definiert. Natürlich umfasst die Dow-Theorie noch etliche andere wichtige Aussagen wie z. B.: Der Markt verläuft in drei Trends; primäre Trends haben 3 Phasen; die Charts reflektieren das komplette Wissen der Marktteilnehmer; das Volumen muss den Trend bestätigen usw. Auch an dieser Stelle sei darauf hingewiesen, dass ein ausführliches Studium dieser elementaren Theorie über die Märkte nur anhand von Fachliteratur zu Charles Dow möglich ist. Für das Rainbow-Trading ist die Aussage über die signifikanten Hoch- und Tiefpunkte im weiteren Verlauf dieses Buches an verschiedenen Stellen wichtig. In den folgenden zwei Beispielen sehen Sie die Dow-Theorie im Day-Trading und im Positions-Trading »at work«. Die Systematik, einen Trend anhand der Position der einzelnen markanten Hoch- und Tiefpunkte zueinander zu bestimmen, ist heute auch unter dem Begriff »Markttechnik« bekannt.

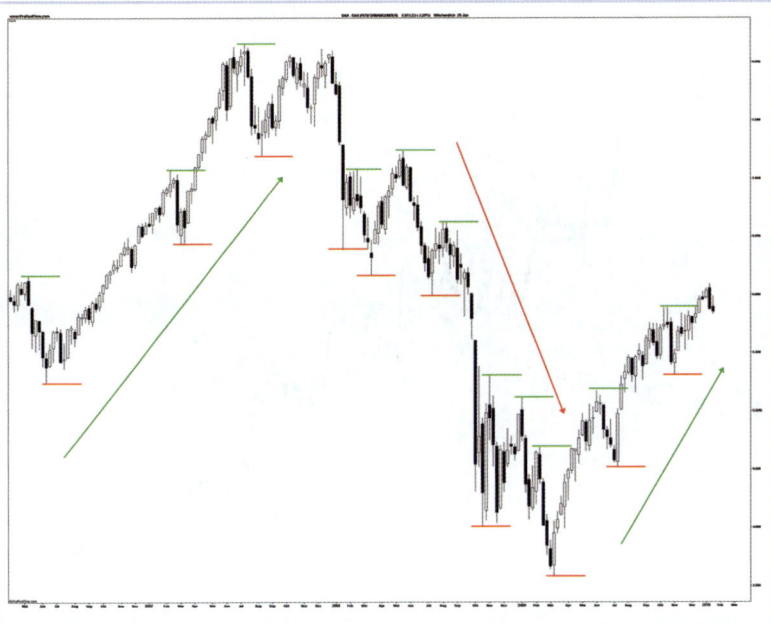

Abb. 22: Ein Wochenchart des DAX®, der den Zeitraum Mai 2006 bis Januar 2010 zeigt. Allein durch das strikte Anwenden der Dow-Theorie bezüglich der Hoch- und Tiefpunkte im Chart konnte man alle großen Trends handeln. Lassen Sie mich an dieser Stelle noch anmerken, dass diese Technik auf lange Sicht in fast allen wichtigen Basiswerten wunderbar zu handeln ist!

Abb. 23: In diesem Fall konnte ein Trader im Devisenpaar EUR/USD innerhalb von ca. 20 Tagen fast haargenau 700 Pips mitnehmen (1-Stundenchart). Dies konnte wiederum allein mit der Dow-Theorie umgesetzt werden! Der Einstieg erfolgte beim ersten Bruch eines relativen Tiefs am 4.12.2009. Der Stop-Loss wurde über die komplette Strecke entlang relativer Hochpunkte nachgeführt. Dies gelang bis zum 23.12.2009. An diesem Tag wurde einer dieser Hochpunkte zum ersten Mal seit 19 Tagen überschritten und somit der Stop-Loss ausgelöst. An dieser Stelle wäre es nach Charles Dow auch legitim gewesen, sofort die Position zu drehen und auf steigende Kurse zu setzen.

Fibonacci-Retracements

Leonardo Fibonacci, das mathematische Genie seiner Zeit, war maßgeblich durch sein Werk »Liber Abaci« an der Einführung des indischen (oft fälschlicherweise als arabisch bezeichneten) Dezimalsystems in Europa beteiligt. Durch das Liber Abaci (wörtlich übersetzt: »Buch vom Abacus«) konnte das römische Zahlensystem nach und nach überwunden werden. Die Zahlenreihe 1, 1, 2, 3, 5, 8, 13, 21, 34, 55, … usw. wurde im 13. Jahrhundert von ihm entdeckt und ist hinlänglich als Fibonacci-Zahlenreihe bekannt. In dieser Reihe bildet jeweils die Summe der beiden zurückliegenden Zahlen die nächsthöhere Zahl. Das Verhältnis von einer Zahl zur nächsthöheren nähert sich nach den ersten vier Zahlen-Ratios dem Wert 0,618. Das Verhältnis einer Zahl zu ihrer nächstniedrigeren beträgt ca. 1,618. Zur übernächsten Zahl nähert sich das Verhältnis dem Wert 2,618 bzw. 0,382. Bei der Verwendung von prozentualen Retracements zur Bestimmung von Korrekturzielen werden gerade diese Ratios angewandt. In der Charttechnik sind die Fibonacci-Retracement-Niveaus 38,2 %, 50 % und 61,8 % extrem wichtig. Um ein Retracement anlegen zu können, braucht der Trader eine klar erkennbare Trendbewegung. Der Hochpunkt (0 %) und der Tiefpunkt (100 %) stellen natürlich die Anlagepunkte dar. Starke Trends neigen dazu, nur 38,2 % der vorangegangenen Aufwärtsbewegung zu korrigieren. Startet bereits hier eine signifikante Bewegung in Richtung des letzten relativen Hochpunkts, weist die

Abb. 24: Am 9. März 2009 startete die BASF-Aktie ausgehend von 20,07 € eine Hausse-Bewegung bis auf 32,25 € am 5. Juni. In dem darauf folgenden Rücksetzer erreichte die Aktie fast auf den Cent genau 38,20 % Retracement! Von diesem Niveau aus stieg der Kurs mustergültig wieder in Richtung des übergeordneten Trends.

ser Basiswert einen Trend auf, bei dem sich schon nach leichten Rückgängen wieder genügend bullishe Marktkräfte versammeln, um den Preis in neue Höhen zu treiben. Besitzt ein Basiswert hingegen nicht diese innere Stärke und retraced um 61,8 %, so ist hier ein eher schwacher Trend vorzufinden. Das 50 %-Niveau ist immer zu beachten und bildet ein solides Unterstützungsniveau. Von diesen Ratios der ersten Trendbewegung geht meist eine deutlich erhöhte Wahrscheinlichkeit einer Trendfortsetzung aus. Zeigt ein Wert jedoch an der 38,2 %- und der 50 %-Marke keinerlei Bestrebungen, davon abzuprallen und fällt direkt in Richtung des 61,8 %-Retracements, so sind neue trendbestätigende Verlaufshochs bzw. -tiefs per Definition zwar noch möglich, aber deutlich unwahrscheinlicher. Ein kompletter Rücklauf bis zum Ausgangspunkt des Trends sollte zumindest als Möglichkeit ins Auge gefasst werden. Abschließend sei erwähnt, dass es noch zwei weitere Fibonacci-Retracements bei 23,6 % und 78,6 % gibt. Allerdings sind diese zwei Niveaus deutlich unpopulärer und werden von den Tradern viel seltener verwendet.

Abb. 25: Von Mitte April bis Anfang Juni 2009 bildete der WTI-Leichtöl-Future eine mächtige Rallye aus. Diese wurde zu 50 % korrigiert. Danach trat der WTI-Future seine Reise wieder gen Norden an.

Abb. 26: Hier ist der Mini Gold-Future im Tageschart zu sehen. Die impulsive Rallye, die am 28. April startete, wurde am 3. Juni bei 992,4 $ gestoppt und zu 61,8 % punktgenau korrigiert. Anfang September überschritt der Preis für einen Mini Gold-Future das letzte Verlaufshoch und zog über 1000 $ an.

Average True Range (ATR)

Dieser Indikator wurde von J. Welles Wilder jr. in seinem Buch »New Concepts in Technical Trading Systems« veröffentlicht. Die ATR misst die Volatilität der Märkte in einer geglätteten Variante. Ursprünglich wollte Wilder mit der ATR vor allem die Schwankungsbreite von Future-Kontrakten an den Terminbörsen messen. Heute findet die ATR in allen Märkten Anwendung. Sie ist eine geglättete Variante der True Range (TR). Wilder definiert die True Range eines Basiswertes als das Maximum der folgenden drei Kriterien:

1. Die Range zwischen dem Schlusskurs der vorangegangenen Periode und dem Hoch der aktuellen,

2. die Range der aktuellen Periode (Tief bis Hoch),
3. die Range zwischen dem Schlusskurs der letzten Periode und dem Tief der aktuellen.

Um die ATR zu erhalten, wird die True Range durch einen einfachen gleitenden Durchschnitt (SMA) geglättet.

Rainbow-Hammer Entries

Die Hammer-Entry-Setups sind mächtige Werkzeuge. Natürlich hängt die Trefferquote stark davon ab, welches Profit Target man wählt bzw. wie die Stops verwaltet werden. Sie müssen sich aber immer vor Augen führen, dass in diesem Moment alle Signale auf Grün stehen. Der Rainbow läuft in Ihre Richtung und der Hammer signalisiert, dass die aktuelle Periode nach kurzer Schwäche wieder komplett von den trendbestimmenden Kräften gekontert wurde.

Red Bullish Hammer (in der Flamme)

Der Rainbow ist voll aufgefächert. Keiner der gleitenden Durchschnitte schneidet einen anderen und der Preis liegt über der Fastline. Es bildet sich ein Red Bullish Hammer, d. h. der Preis setzt auf den roten Durchschnitten kurz auf, um danach umgehend die Bewegung impulsiv in Richtung des Trends wieder aufzunehmen. Der Schlusskurs liegt außerhalb des Rainbows und somit auch über der Fastline. Die Kerze schließt auf Periodenhoch respektive in den oberen 20 % der Range! Sind alle Kriterien erfüllt, eröffnet der Trader eine Long-Position zum Open der nächsten Kerze. Für den Stop-Loss gibt es zwei Varianten. Der aggressive Trader sollte den Stop-Loss direkt unter die Kerze legen. Nach solch einer bullishen Kerze, die in Trendrichtung gebildet wird, ist von einer umgehenden Trendfortsetzung auszugehen. Diese Variante ist sehr aggressiv und zielt auf ein sehr gutes CRV (Chance-Risiko-Verhältnis) ab. Der Trader geht bewusst das Risiko ein, durch den sehr eng gewählten Stop-Loss öfters kleine Verluste hinzunehmen, um dann aber an wirklich starken Trends überproportional zu verdienen.

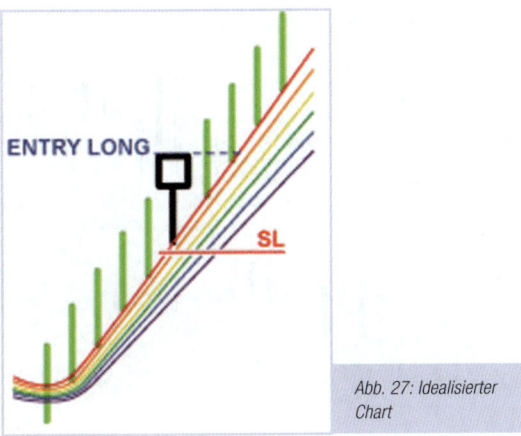

Abb. 27: Idealisierter Chart

Wem dieser Stop zu eng gewählt ist bzw. wer dieses Setup mental nicht durchsteht, der kann den Stop-Loss auch unter das letzte Verlaufstief setzen (siehe Dow-Theorie). Allerdings bleibt hier zu konstatieren, dass diese Stop-Loss-Variante ein relatives Tief in der Nähe bedingt. Ist kein Verlaufstief in einem sinnvollen Abstand zu finden, ist der Trader gezwungen, entweder den Trade nicht einzugehen oder die aggressive Stop-Loss-Variante zu wählen. Setzt ein Trader den Stop-Loss unter ein relatives Tief, so ist dies nur sinnvoll, wenn der Entry durch den Red Bullish Hammer relativ nahe an dem favorisierten Tief stattfindet. In der Rainbow-Szene ist es Konsens, die konservative Stop-Loss-Setzung nur dann anzuwenden, solange das letzte Tief nicht weiter als die doppelte Höhe der Signalkerze entfernt liegt. Findet die Trade-Eröffnung weiter entfernt statt, so sollte der aggressive Stop-Loss bevorzugt werden. Andernfalls beschneidet der Trader auf lange Sicht sein CRV zu deutlich. Meist kann dies dann nicht mehr über eine höhere Trefferquote kompensiert werden.

Um die Theorie auch in der Praxis zu verdeutlichen, zeigt der folgende Chart einen Red Bullish Hammer in einem der beliebtesten Futures überhaupt.

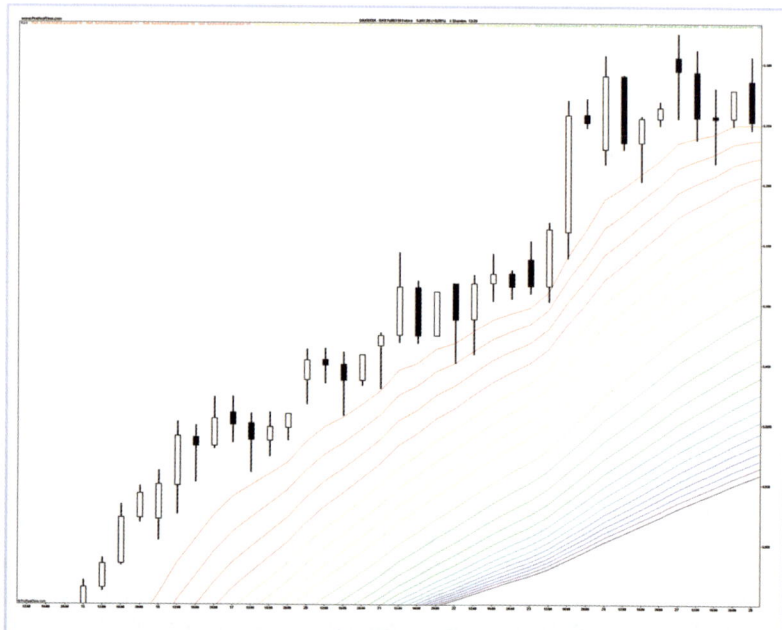

Abb. 28: In diesem Chart handelt es sich um den FDAX® im adjustierten Endloskontrakt. Er zeigt den Future auf den deutschen Leitindex im 4-Stundenchart mit einem Red Bullish Hammer im Trend (Burning Flame). Der Trade kann lehrbuchmäßig eingegangen werden. Der initiale Stop-Loss sollte direkt unter die Signalkerze gelegt werden. Für den etwas konservativer agierenden Trader steht in diesem Beispiel auch ein kleines relatives Tief für einen Stop-Loss zur Verfügung, ohne dabei das Regelwerk zu verletzen. Hier würde der Stop-Loss das 1,5-fache der Signalkerze vom Einstiegspunkt entfernt liegen.

Eine kleine Abänderung dieses Setups ist der Yellow Bullish Hammer. Für den Einstieg müssen dieselben Kriterien erfüllt sein. Einzige Ausnahme bildet der Schatten der Kerze, welcher nicht nur die Fastline berührt bzw. schneidet, sondern bis zu den gelben gleitenden Durchschnitten eintaucht! Die Aussage bei diesem Setup ist, dass der Preis, bei dem die Bullen wieder bereit sind, verstärkt in den Markt zu kommen, etwas tiefer liegt als bei der »roten« Variante. Allerdings kommen auch beim Yellow Bullish Hammer die trendbestimmenden Marktkräfte schlagartig und impulsiv zurück. Es ist ab diesem Moment davon auszugehen, dass die Bullen für die nächsten Perioden am Ruder bleiben. Das Signal ist in der Re

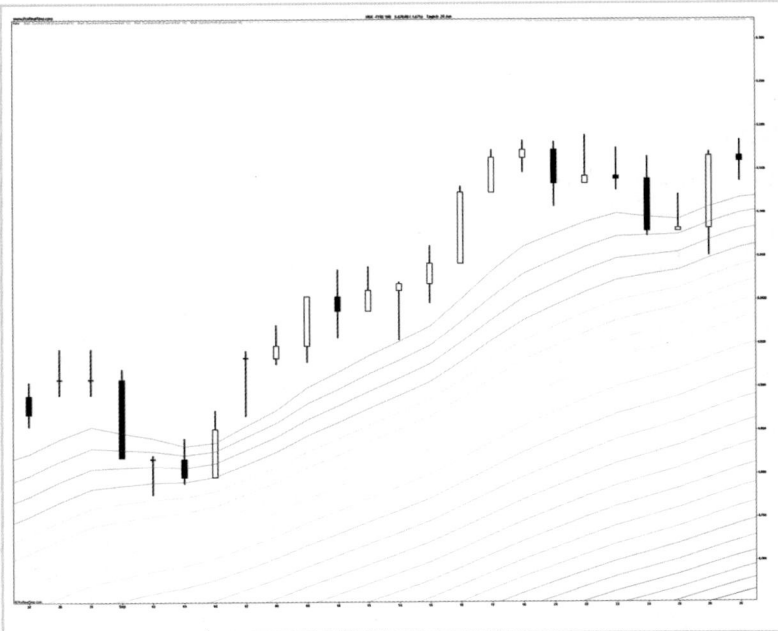

Abb. 29: Im folgenden Beispiel sehen Sie einen anderen Leitindex in Europa. Zu sehen ist der Kassaindex FTSE 100. Der englische Large Cap Index zeigt am 14. September 2009 ein perfektes Red-Bullish-Hammer-Einstiegssignal. Allerdings ist hier kein passendes Verlaufstief in der Nähe, das zur konservativen Stop-Loss-Setzung dienen könnte. Deshalb ist hier nur ein Stop-Loss direkt unter der Signalkerze legitim. Setzt ein Trader den Stop-Loss unter das relative Tief vom 2.09.2009, so wäre dieser etwa die dreifache Range der Signalkerze vom Einstiegspunkt entfernt. Dies ist nach dem Rainbow-Regelwerk nicht zu empfehlen.

gel nicht ganz so signifikant wie der Red Bullish Hammer, gehört aber trotzdem zu den favorisierten Rainbow-Setups!

Red Bearish Hammer (in der Flamme)

Die Regeln sind exakt die gleichen wie bei seinem bullishen Pendant. Wenn sich ein Red Bearish Hammer bildet, läuft der Preis für kurze Zeit von unten an die roten gleitenden Durchschnitte bzw. die Fastline heran, um danach umgehend die Bewegung impulsiv in Richtung des Trends wieder aufzunehmen.

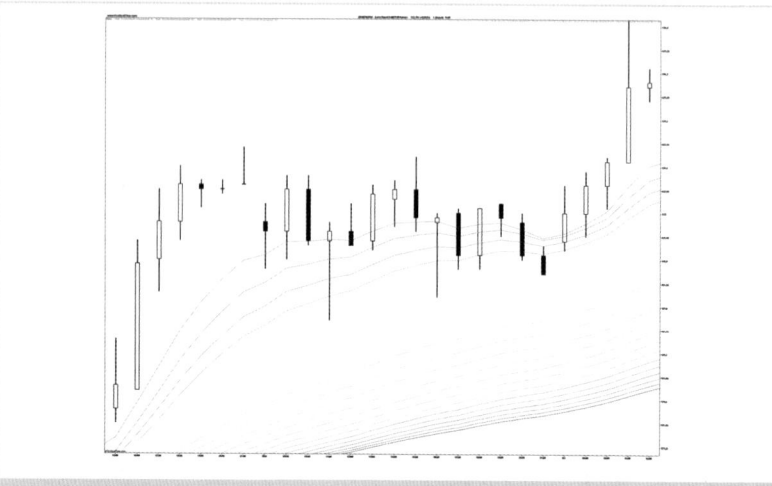

Abb. 30: Der Yellow Bullish Hammer tritt im Bund-Future im 1-Stundenchart am 2. November 2009 gleich zweimal zu Tage. Zwar lässt sich der Future mit der Trendbewegung etwas Zeit, zieht dann aber mit einer impulsiven Bewegung an.

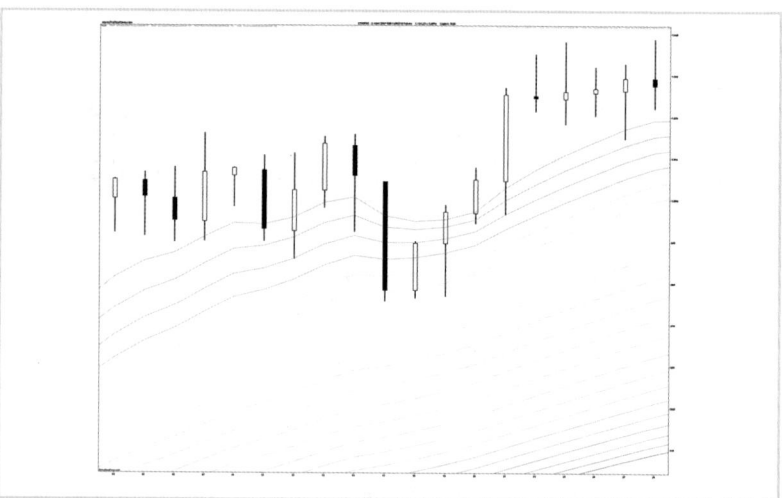

Abb. 31: Der E-mini S&P 500 Future erzeugt am 19.08.2009 einen mustergültigen Yellow Bullish Hammer in der Burning Flame! Das Signal wurde sofort vom Markt angenommen.

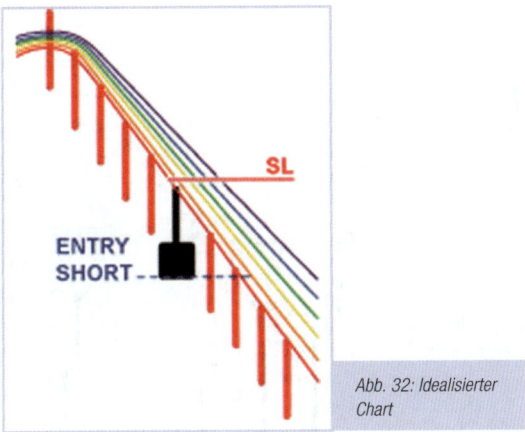

Abb. 32: Idealisierter
Chart

Der Schlusskurs der Kerze ist gleichzeitig auch das Periodentief oder liegt in den unteren 20 % der Range. Sind alle Kriterien erfüllt, kann der Rainbow-Trader eine Short-Position zum Open der nächsten Kerze eröffnen. Für den Stop-Loss sind dieselben zwei Varianten wie bei einem Red Bullish Hammer legitim. Dieses bearische Setup tritt statistisch gesehen etwas seltener auf als die bullishe Variante. Dies hängt mit der häufig stärkeren Volatilität in Bärenmärkten bzw. während Sell-Offs zusammen. Die Setups werden dadurch aber nicht weniger lukrativ. Sie kommen einfach nur etwas seltener vor.

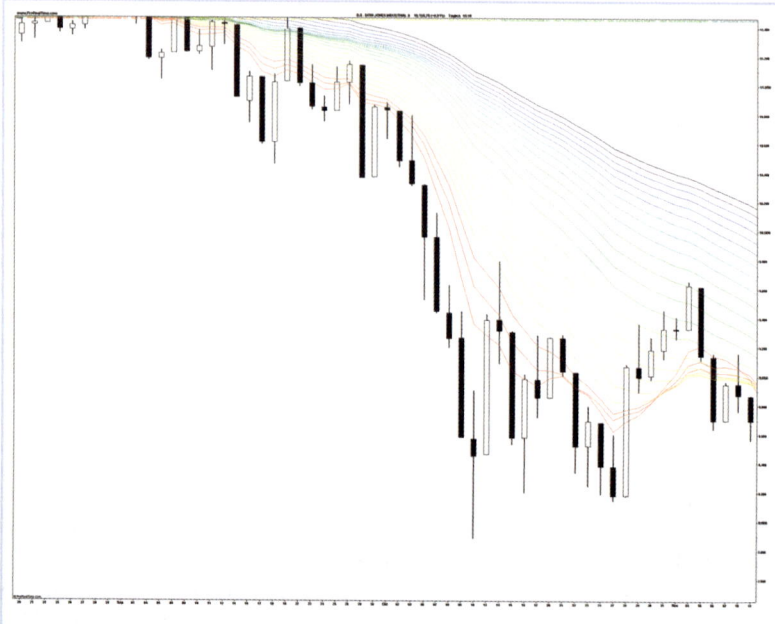

Abb. 33: Der weltweit bekannteste Index, der Dow Jones Industrial Average (Dow Jones), befindet sich in einem intakten Abwärtsimpuls. Ohne zeitlich ausgeprägte Konsolidierung bildet sich am 3. Oktober 2008 ein Red Bearish Hammer in der »brennenden Flamme«. Der Einstieg erfolgt nach Regelwerk. In diesem Fall ist kein passendes Verlaufshoch in der Nähe des Einstiegspunktes zu finden. Somit ist hier die aggressive Stop-Loss-Variante oberhalb der Signalkerze oder ein konservativerer Stop-Loss über dem relativen Hoch vom 26.09.2008 legitim. Auch in diesem Chart ist zu erkennen, wie und dass man Trends sehr lukrativ mit einem sehr engen Stop-Loss handeln kann, und somit überragende CRVs generiert werden. Das Thema »CRV und Trefferquote« verdient durch seine herausragende Wichtigkeit im Trading zumindest einen kurzen Exkurs …

Dem Heavy-Trader, der gerne viele Trades eingeht, sei auch der Yellow Bearish Hammer empfohlen! Der einzige Unterschied leitet sich daraus ab, wie weit der Schatten der Hammerkerze in den Rainbow eintaucht.

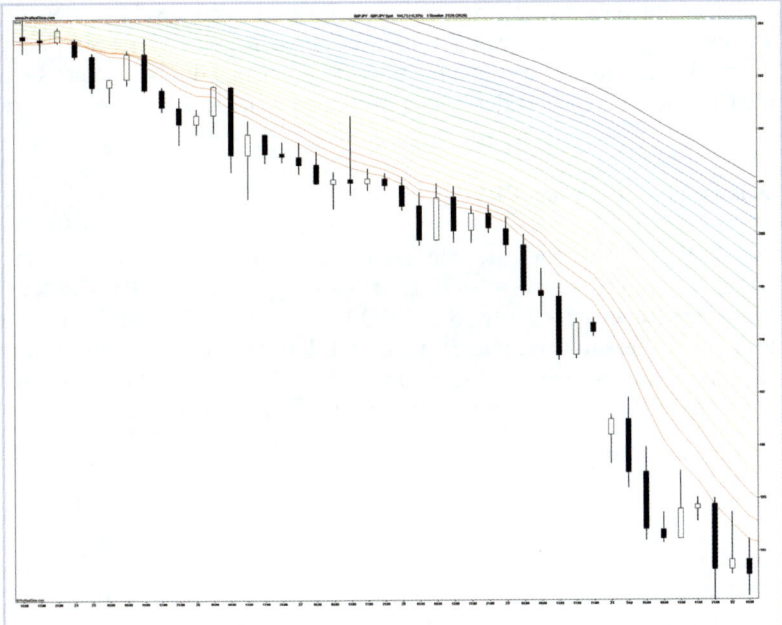

Abb. 34: Im Devisenpaar GBP/JPY bot sich am 27.08.2008 ein Short-Trade an. Es hatte sich ein Yellow Bearish Hammer in der Trendbewegung gebildet. Der Short konnte zu 201,10 gestartet werden. Die Abwärtsbewegung führte den Wechselkurs anschließend bis auf 186,20, ohne nennenswerte Gegenbewegung.

Exkurs: CRV (Chance-Risiko-Verhältnis) und Trefferquote

Diese beiden Kennzahlen entscheiden darüber, ob Sie an den Märkten gewinnen oder verlieren. Wie oft liegen Sie mit Ihren Einschätzungen richtig? Wie oft wird der Stop-Loss ausgelöst? Diese beiden Fragen alleine beantworten aber noch nicht, ob und wie viel ein Trader verdient. Nur die Verbindung mit der extrem wichtigen Frage »Wie groß sind Ihre Gewinne und wie hoch die Verluste?« bringt Aufschluss über die Performance. Oft wird der Fehler gemacht, Trading nur anhand der Trefferquote zu beurteilen. Dies ist aber nicht zielführend; es ist sogar hochgradig gefährlich und unsinnig. Denn diese Betrachtungsweise setzt einen völlig falschen Schwerpunkt. Schaffen Sie es beispielsweise, 60 % der Trades mit Gewinn zu beenden, ist dies ein sehr guter Wert. Sind allerdings die Verluste der restlichen Trades zum Beispiel doppelt so groß wie die Gewinne, so verliert der Trader auf lange Sicht sein komplettes Kapital!

Was ist eigentlich das CRV?

Das CRV sagt aus, wie viel Sie, falls das Profitziel des Trades erreicht wird, gewinnen, im Vergleich zu dem möglichen Stop-Loss-Verkauf. Kauft der Trader eine Aktie »XY« bei 30 €, mit einem Stop-Loss bei 27 € und einem Verkaufsziel von 39 €, so hat der Trade ein CRV von 3. Das Ziel ist dreimal so weit entfernt wie der Stop-Loss. Das CRV ist also der Quotient aus dem erwarteten Gewinn und dem möglichen Verlust:

$$\frac{\text{Maximaler Gewinn (Profit Target)}}{\text{Maximaler Verlust (Stop-Loss)}}$$

Zur Demonstration, wie wichtig gerade die Verbindung von CRV und Trefferquote ist, nachfolgend eine Tabelle, die das verdeutlicht.

15 % der Trades im Gewinn ... benötigen ein CRV von 5,67 ...

25 % der Trades im Gewinn ... benötigen ein CRV von 3,00 ...

33 % der Trades im Gewinn ... benötigen ein CRV von 2,00 ...

40 % der Trades im Gewinn ... benötigen ein CRV von 1,50 ...

50 % der Trades im Gewinn ... benötigen ein CRV von 1,00 ...

60 % der Trades im Gewinn... benötigen ein CRV von 0,67 ...

... um zumindest eine Performancekurve zu gewährleisten, die sich um die Nulllinie bewegt. Zählt man aber noch die Transaktionskosten hinzu, so haben diese Beispiele schon einen negativen Erwartungswert. Diese Werte stellen also das absolute Minimum an CRV dar, damit man überhaupt traden sollte.

Anhand der Performancekurve kann man erfahrene Profis wunderbar von Anfängern und schlechten Tradern unterscheiden. Sie sehen nachfolgend zwei Diagramme, die den fiktiven Verlauf zweier Accounts symbolisieren. Trader A ist ein Anfänger, der es noch nicht geschafft hat, die Grundsätze des Tradings zu verinnerlichen. Trader B hingegen ist seit Jahren als Profi an den Märkten tätig.

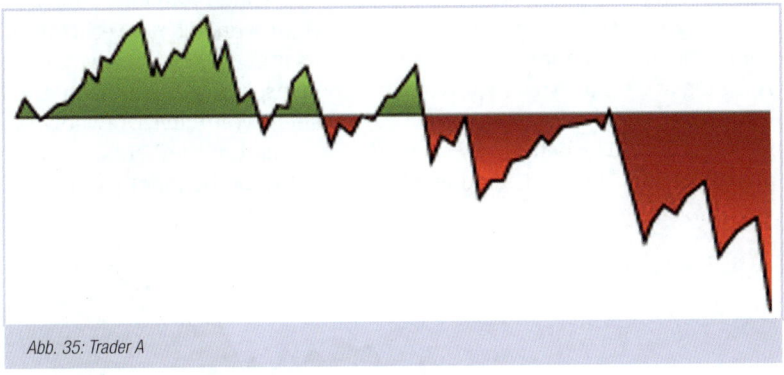

Abb. 35: Trader A

Trader A fährt viele kleine Gewinne ein, um diese dann auf einen Schlag mit wenigen Trades wieder zu verlieren. Er hat Angst, ausgestoppt zu werden. Sein Ego erlaubt es ihm nicht, sich einzugestehen, falschgelegen zu haben. Erst wenn der Druck enorm groß wird, ist er bereit seinen Trade zu killen. Er hat zwar in dutzenden Büchern schon gelesen, dass er die Verluste klein halten soll, schafft es aber nicht und lässt die einzelnen Trades immer wieder unverantwortlich weit ins Minus laufen, um sie dann nach einer kleinen Erholung mit einem Minigewinn zu schließen. Wenn Sie sich die Mühe machen und Statistiken von Brokern (welche teilweise frei zugänglich im Internet veröffentlicht werden) ansehen, so werden Sie ausnahmslos immer feststellen, dass die Summe der gehaltenen Positionen aller Kunden dieses Brokers, die sich aktuell im Verlust befinden, viel höher ist als die Summe der sich im Gewinn befindlichen Positionen. Wenn ich einem Anfänger nur eine Börsenweisheit beibringen dürfte, so wäre es diese: »Gewinne laufen lassen, Verluste begrenzen.« Warum halten sich so wenige Marktteilnehmer daran? Ganz einfach … Weil es verdammt schwer ist! Es hört sich simpel an, ist aber eine der schwierigsten Disziplinen der Börse. Hinzu kommen Unzulänglichkeiten in der prozentualen Berechnung der Performance. Leider verstehen nur wenige Trader die mathematischen Beziehungen zwischen Gewinnen und Verlusten. Wenn Sie Geld verlieren, dann haben Sie auch weniger Kapital für die nachfolgenden Trades zur Verfügung. Somit muss ein Trader, um den erlittenen Verlust auszugleichen, eine deutlich höhere Performance erbringen als die, die er bei seinen Verlust-Trades eingebüßt hat. Verlieren Sie 50 % des zur Verfügung stehenden Kapitals, so benötigen Sie ab diesem Zeitpunkt Gewinne in Höhe von 100 %! Verlieren Sie gar 60 % des Accounts, so benötigen Sie satte 150 %, um wieder den Ausgangswert zu erreichen. Vom psychologischen Aspekt nach solch horrenden Verlusten gar nicht erst zu sprechen. Wenn der Drawdown allerdings nur 20 % beträgt, so reichen 25 % aus, um die Verluste wieder auszugleichen. Bei 10 % sind es lediglich 11 %, die benötigt werden!

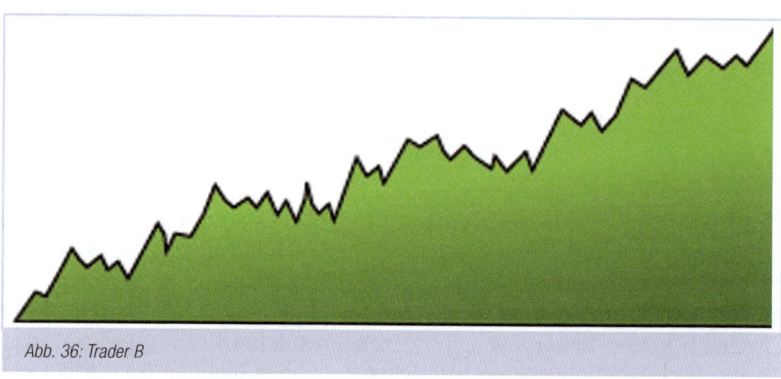

Abb. 36: Trader B

Wie liegt der Fall nun bei Trader B? Sein Ego braucht nicht mehr die ständige Befriedigung durch erfolgreiche Trades. Er weiß, dass wenige große Gewinn-Trades seine Performance machen. Er kann geduldig auf diese Möglichkeiten warten. Die ganzen kleinen Verluste berühren ihn mental in keiner Weise. Sein Handeln ist geprägt von Kontinuität, Ausgeglichenheit und Disziplin. Seine Performancekurve ist keinen großen Schwankungen unterworfen, und wenn, dann verlaufen die Ausschläge gen »Norden«. Sein Hauptaugenmerk liegt auf kleinen Verlusten. Dieser Trader wird noch viele Generationen neuer Accounts von Anfängern oder Glücksrittern überdauern! Um dieses Thema abzurunden, noch ein zweiter Hinweis bezüglich einer häufig vorkommenden Fehlinterpretation.

Ein Trader mit einer höheren durchschnittlichen Jahresperformance muss nicht zwangsläufig eine kumuliert bessere Performance erbringen! Das hört sich vielleicht seltsam an, aber wenn ein Trader in einem Jahr deutlich schlechter als im sonstigen Mittel performt, so hat dies auf die kumulierte Performance viel deutlichere Auswirkung als auf die durchschnittliche Jahresperformance. Wird eine Performance jährlich ausgewiesen, so taucht ein schlechtes Jahr dort nur einmal auf. Danach wird die Performance quasi wieder auf null gesetzt. Betrachtet man aber die Performance kumuliert, wie es eigentlich sinnvoll ist, so hat dieses schlechte Jahr in einer prozentual gemessenen Performancekurve auf alle folgenden Jahre Einfluss!

Wie sich das auswirkt, ist in diesen beiden Grafiken eindrucksvoll zu sehen! Wie Sie merken, ist das Vermeiden von Drawdowns im realen Handel viel wichtiger als schnelle Performance mit hohem Risiko.

PERFORMANCE TRADER/FOND XY (KONTO 100.000 €)		
1999	+20%	120.000 €
2000	-20%	96.000 €
2001	+20%	115.200 €
2002	-20%	92.160 €
2003	+20%	110.592 €
2004	-20%	88.474 €
2005	+20%	106.168 €
2006	-20%	84.935 €
2007	+20%	101,922 €
2008	-20%	81.537 €
2009	+20%	97.845 €
		GERUNDETE WERTE
6 JAHRE +20% UND		
5 JAHRE -20%		
SUGGERIERT +20%		TATSÄCHLICH - 2,16%

Abb. 37: Auswertung der einzelnen Jahresperformances und die suggerierte Performance, wie sie die meisten Betrachter vor ihrem inneren Auge sehen.

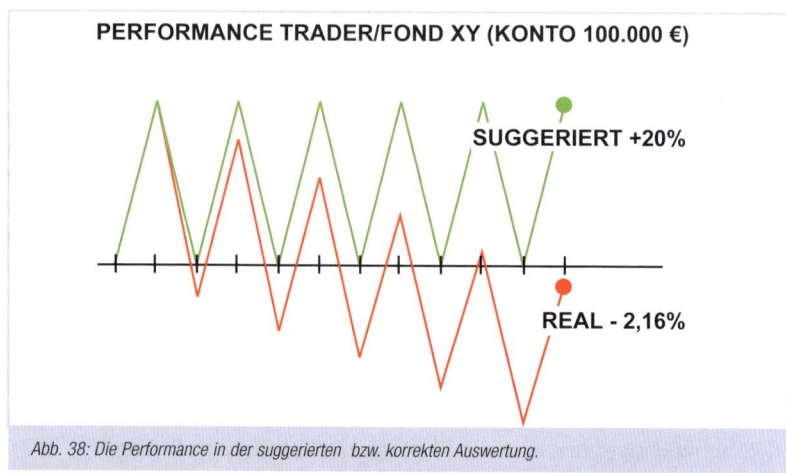

Abb. 38: Die Performance in der suggerierten bzw. korrekten Auswertung.

Jeder Profi weiß, dass Kontinuität viel wichtiger ist als schnelle Gewinne! Wenn wir das alles auf den Punkt bringen, ist es klar, dass nur die gemeinsame Betrachtung von Gewinnquotient, welcher initial als CRV bezeichnet wurde, und Trefferquote eine sinnvolle Aussage hinsichtlich der Profitabilität zulässt. Nur so wird ersichtlich, wie stabil und profitabel der Trader agiert. Machen Sie niemals den Fehler, die Trefferquote überzubewerten. Meistens sind diejenigen Ansätze am robustesten, die mit einer Trefferquote um oder leicht unter 50 % auskommen, dafür aber mit CRVs von 2:1 oder mehr arbeiten.

Red Bullish Hammer (im Backspin)

Eine Abwandlung des ursprünglichen Hammer-Setups stellt der Red Bullish Hammer in einem Backspin dar. Die Regeln können im ersten Schritt genauso angewandt werden wie in der Trend-Variante. Die Bedingungen sind im Hinblick auf Einstieg und Stop-Loss-Setzung gleich. Ein Entry erfolgt in einer flachen (Seitwärts-)Korrektur. Das Ende der Konsolidierung wird nach einer Hammerkerze antizipiert. Der Trader definiert eine Red Bullish Hammerkerze als deutliches Anzeichen dafür, dass die Bullen mit aller Macht zuschlagen und den Kurs wieder in Trendrichtung über das relative Hoch treiben wollen. Nachdem sich eine passende Kerze zeigt, geht der Trader wie gewohnt vor. Der Entry erfolgt zum Open der folgenden Kerze und der Stop-Loss wird direkt unter die Signalkerze bzw. unter das letzte Verlaufstief gelegt, je nach Risikoneigung des Traders. Beachten Sie bitte, dass hier unterschieden werden kann zwischen Backspins, die immer noch vollaufgefächert sind und in denen die gleitenden Durchschnitte nur leicht eindrehen, und solchen, bei denen die Fastline anfängt, sich mit anderen Durchschnitten zu schneiden. Manche Rainbow-Trader entscheiden sich dafür, nur Setups zu traden, bei denen sich die gleitenden Durchschnitte nicht schneiden, andere setzen beide Varianten um.

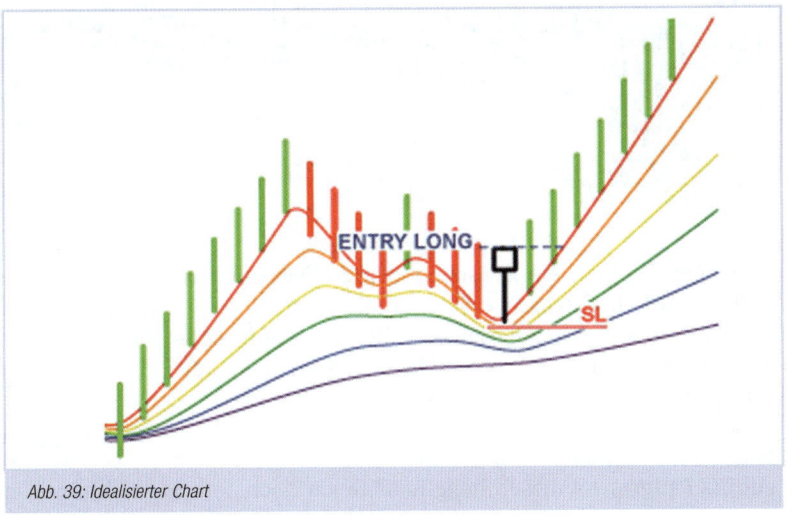

Abb. 39: Idealisierter Chart

Ein Unterschied zum Trend-Hammer ist bis dato zwar erkennbar, aber erst im nächsten Schritt tritt ein signifikanter Unterschied zu Tage. Der Red Bullish Hammer in einem Backspin bietet dem versierten Trader die Möglichkeit, eine Position sinnvoll weiter aufzustocken. Hierbei spricht man von »Pyramidisieren«. Eine erste Möglichkeit bietet die klassische Vorgehensweise nach der Dow-Theorie.

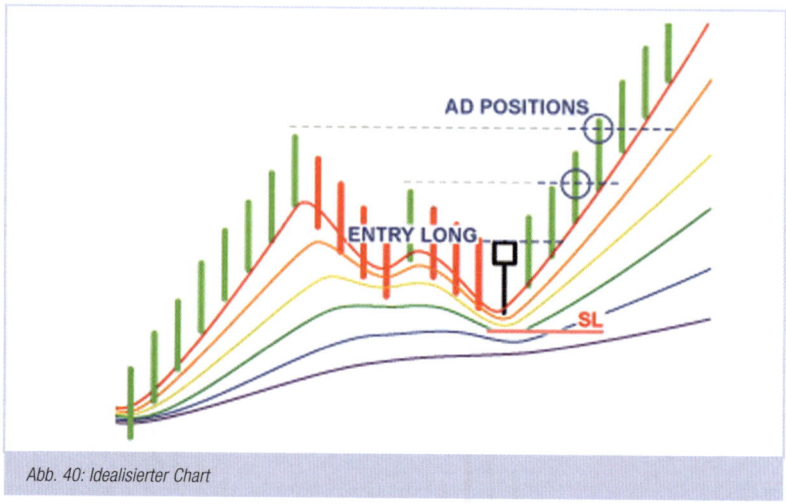

Abb. 40: Idealisierter Chart

Nachdem der Preis ein Zwischenhoch der Konsolidierung und/oder das Verlaufshoch überschreitet, können eine bzw. zwei weitere Positionen dazugekauft werden. Allerdings sollte der Stop-Loss für die neu addierten Positionen auf gleichem Niveau platziert werden wie der initiale Hammer-Stop-Loss. Eine weitere Herangehensweise ist das Zukaufen von weiteren Stückzahlen, sobald sich ein weiteres Rainbow-Entry-Setup bildet. Im nachfolgenden Chart sehen Sie als Beispiel ein Red Bullish Engulfing Pattern. An dieser Stelle möchte ich nochmals darauf hinweisen, dass dieses Setup im Day-Trading von liquiden Futures- bzw. Forexmärkten so gut wie nie lehrbuchmäßig auftreten kann.

Hier können entweder beide Stop-Losses (der ersten und der zweiten Position) gemeinsam verwaltet und auf den Punkt SL(2) gelegt werden, oder aber der Trader belässt den Stop-Loss des ersten Trades auf dem initialen Punkt SL.

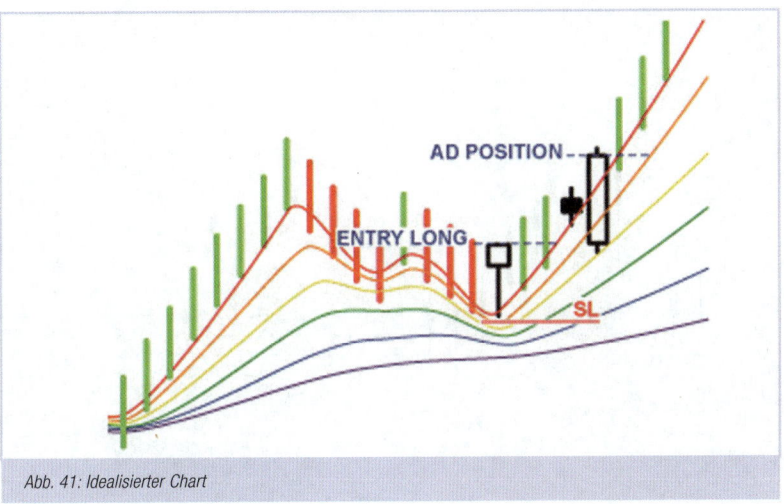

Abb. 41: Idealisierter Chart

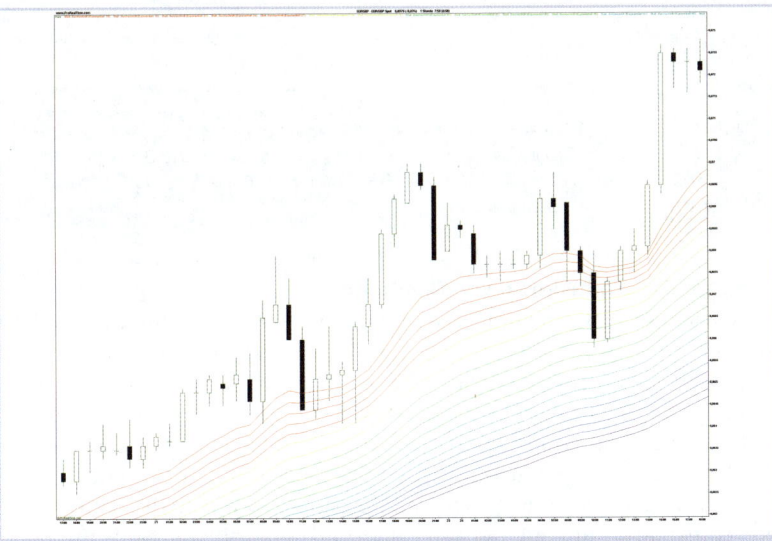

Abb. 42: Das Währungspaar EUR/GBP bildete in den Mittagsstunden des 21.August 2009 im 1-Stunden-chart gleich zwei Red Bullish Hammer Setups in einem kleinen Backspin. Mit dem Überschreiten des Verlaufhochs konnte bereits 2 bzw. 3 Stunden später eine weitere Position addiert werden.

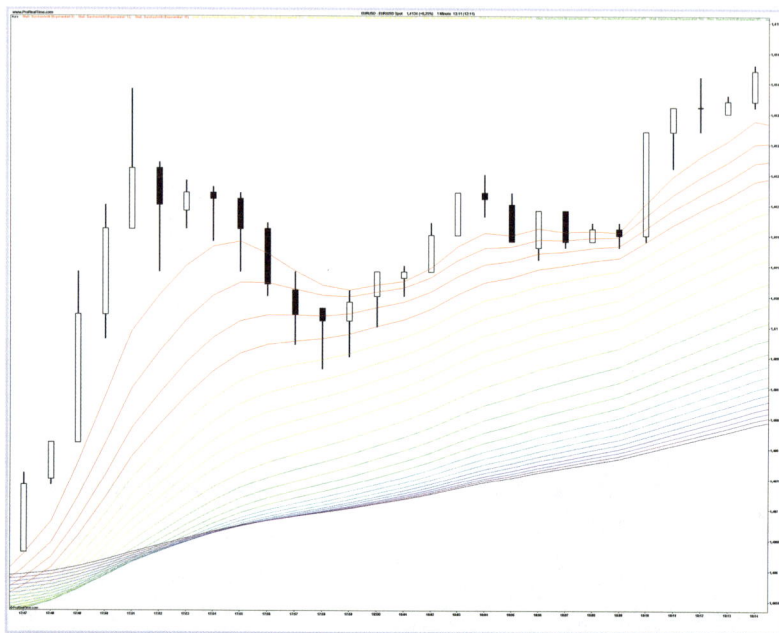

Abb. 43: Nach einem Spin im 1-Minutenchart des EUR/USD, bildete sich um 18Uhr ein Red Bullish Hammer im Backspinn. Alle Kriterien für einen Einstieg zum Open der Folgekerze waren erfüllt. Um weitere Positionen nach der Dow-Theorie zu addieren, konnten in diesem Fall mehrere offensichtliche Einstiegspunkte gefunden werden.

Exkurs: Pyramidisieren von Positionen

Das Wichtigste gleich vorab: Sie dürfen niemals eine Position vergrößern, die im Verlust liegt. Wenn hier von »Pyramidisieren« gesprochen wird, dann gilt dies ausschließlich für Positionen, die sich im Gewinn befinden. Kaufen Sie im Verlust nach, wird Ihr Konto sich irgendwann unweigerlich in einem Armageddon wiederfinden! Machen Sie niemals diesen Fehler! Was aber genau ist »Pyramidisieren«? Damit wird eine Tradingtechnik bezeichnet, die schrittweise Positionen in Aktien, Futures oder im Forexmarkt aufbaut (»scaling in«) und/oder abbaut (»scaling out«). Dieses gestaffelte Kaufen geschieht nach einem festgelegten Muster. Pyramidisieren ist also nicht ein unkontrolliertes Nachkaufen ohne Money Management, sondern unterliegt den gleichen Regeln wie ein Trade mit einer festen initialen Positionsgröße. Um das Money Management mit einer maximalen Verlustgröße einzuhalten, gibt es unzählige Varianten. Manche arbeiten mit einer gleichbleibenden Positionsgröße, einem sogenannten »Skyscraper«. Hierbei sind die jeweiligen Nachkäufe genauso groß wie die erste Position. Will man hier sein definiertes Risiko von z. B. 1 % maximalem Verlust pro Trade nicht überschreiten, muss der Trader seinen Stop-Loss nach jedem Zukauf wieder neu justieren. Dies gilt allerdings auch für die anderen zwei Varianten der »Pyramide«, bei denen wir dem ursprünglichen Namen auch näherkommen. Genauso beliebt wie die »Skyscraper-Methode« des Nachkaufens ist die echte Pyramide. In diesem Fall werden die nachzukaufenden Stückzahlen immer kleiner. Jede neue Position ist kleiner als die vorangegangene. Dies geschieht nach einem festgelegten Verhältnis (z. B. immer 2/3 oder die Hälfte der jeweils letzten Position). Die letzte Variante wird von sehr wenigen Tradern angewandt und baut auf einer umgekehrten Pyramide auf. Diese Trader testen den Markt erst mit kleinen Positionen und stocken diese sehr aggressiv mit größer werdenden Positionen auf, sobald ihre Meinung bestätigt wird.

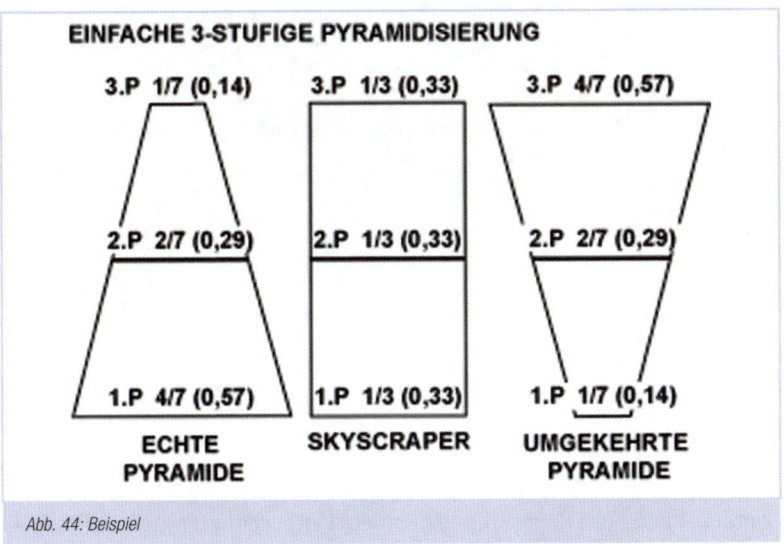

EINFACHE 3-STUFIGE PYRAMIDISIERUNG

3.P 1/7 (0,14)	3.P 1/3 (0,33)	3.P 4/7 (0,57)
2.P 2/7 (0,29)	2.P 1/3 (0,33)	2.P 2/7 (0,29)
1.P 4/7 (0,57)	1.P 1/3 (0,33)	1.P 1/7 (0,14)
ECHTE PYRAMIDE	**SKYSCRAPER**	**UMGEKEHRTE PYRAMIDE**

Abb. 44: Beispiel

Das Pyramidisieren ist besonders beim Aufbau von Positionen bekannt. Genauso kann es aber auch, wenngleich viel seltener vorkommen, beim Abbau (»Scaling Out«) derselben benutzt werden. Dabei kann der Trader wiederum wählen, ob er mit gleich großen Paketen den Markt verlässt oder mit kleineren bzw. größeren Positionen beginnt. Wie bei allen Facetten des Tradings muss auch hier jeder Trader, unter Berücksichtigung seiner eigenen Fähigkeiten und seiner mentalen Verfassung, für sich selbst entscheiden, welche Form des »Scaling Out« für ihn die passende ist.

Red Bearish Hammer (im Backspin)
Bei den entsprechenden Short-Einstiegen müssen dieselben Kriterien erfüllt sein und die gleichen Regeln beachtet werden wie bei der bullishen Variante. Im Gegensatz zu dem unterschiedlichen prozentualen Vorkommen bei den beiden Trend-Setups liegt bei den Red-Bullish-Hammer-Varianten im Backspin eine gleichmäßige prozentuale Häufung vor.

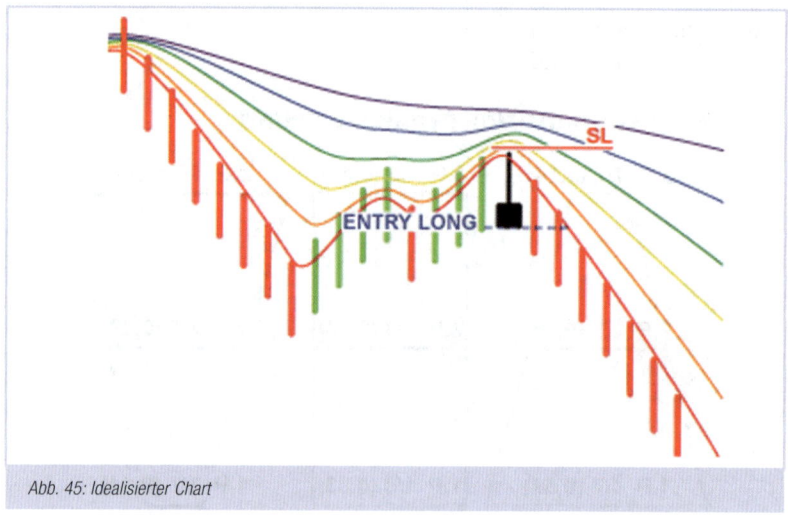

Abb. 45: Idealisierter Chart

Sie müssen auch hier beachten, dass zwischen Backspins unterschieden werden kann, bei denen die gleitenden Durchschnitte noch vollaufgefächert sind, und solchen, bei denen die Fastline »die Flamme nicht am Brennen hält«. Die Vorgehensweise bei einer potenziellen Pyramidisierung entspricht dem bereits vorgestellten Regelwerk. Bei Shorts, die anhand der Dow-Theorie an signifikanten Tiefpunkten einer ersten bearischen Position hinzugefügt werden, muss in vielen Basiswerten mit einer erhöhten durchschnittlichen Slippage* gerechnet werden. Dies ist erneut mit der steigenden Volatilität in Bärenmärkten durch panikartige Verkäufe und möglichen Stop-Loss-Lawinen zu erklären. Besonders beim Shortselling von Aktien auf Tagesbasis kann es zu deutlicher Slippage kommen.

[*Slippage: Unter diesem Begriff versteht man die Differenz zwischen der gewollten Ausführung einer Position (zum Beispiel durch ein Limit) und dem tatsächlichen Kurs, zu dem die Order ausgeführt wird. Gerade in hochvolatilen Marktphasen kann es zu beachtlichen Abweichungen kommen.]

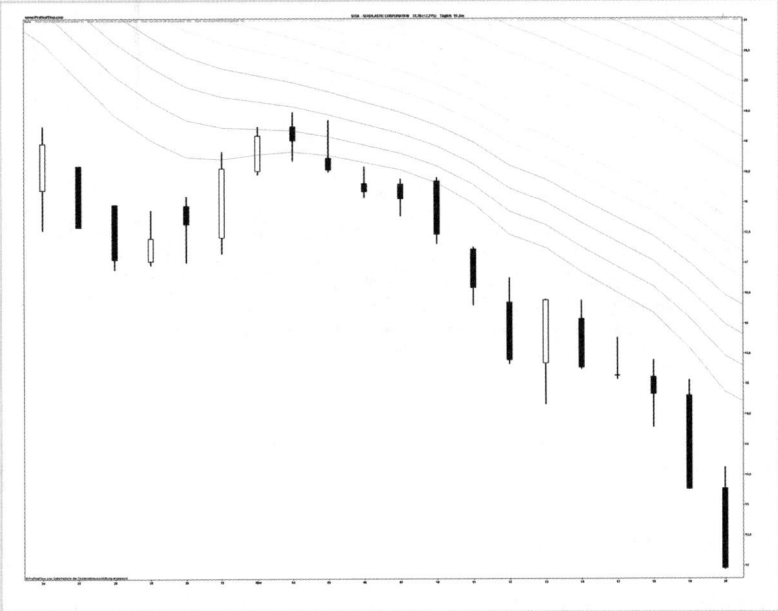

Abb. 46: Hier sehen Sie die im Nasdaq gelistete Aktie »Scholastic Corporation« im Tageschart. Nach einem kleinen Backspin, bei dem die gleitenden Durchschnitte sich nicht kreuzen, bildet sich am 5.11.2010 ein Red Bearish Hammer. Der Short-Einstieg erfolgt zum Open der nächsten Kerze. Bei Unterschreiten des Verlaufstiefs könnte der Trader risikoarm zukaufen.

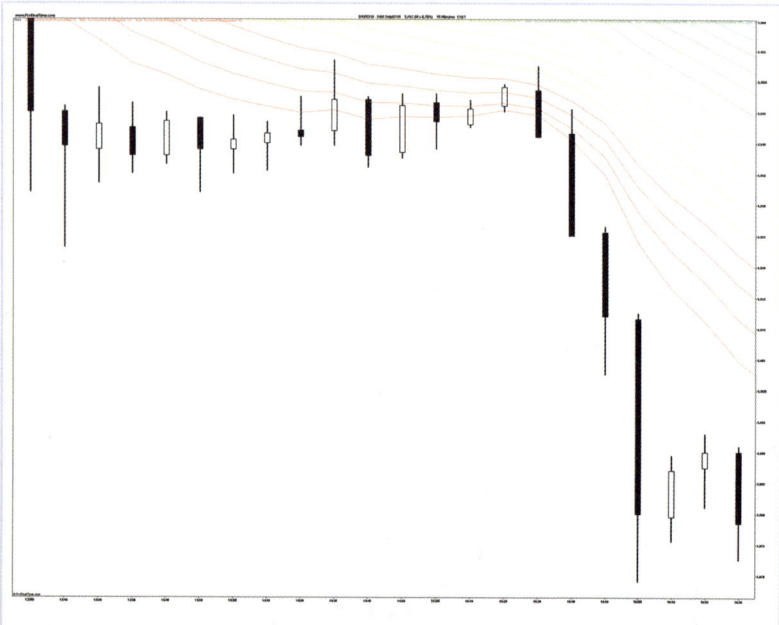

Abb. 47: Im Chart zu sehen ist der März-Kontrakt 2010 des FDAX® (10 Min.). Nach einem zeitlich ausge-dehnten Backspin entsteht pünktlich mit der Eröffnung der Wallstreet um 15.30 ein Red Bearish Hammer. Der Trader eröffnet wie gewohnt zum Open der Folgekerze eine erste Position. Er will bei diesem Trade nachkau-fen! Direkt danach bildet sich dasselbe Setup erneut. Sofort fügt er eine zweite Position hinzu. Der Stop-Loss beider Trades wird gemeinsam verwaltet und umgehend auf das Tief der zweiten Signalkerze gelegt!

Engulfing Pattern

Ein Engulfing Pattern ist langfristig ein ähnlich aussichtsreiches Setup wie die verschiedenen Hammer-Setups. Auch in diesem Fall sind alle trendbestimmenden Kräfte wieder auf Ihrer Seite. Ein Engulfing-Setup kann nach dem »Candlestick-Lehrbuch« nur in Verbindung mit Over-night-Gaps (infolge Handelsunterbrechungen der Börsen) auftreten. Dazu wird eine gewisse Zeit ohne Handel benötigt, um bei den Markt-teilnehmern eine veränderte Meinung über den fairen Preis eines Basiswerts hervorzurufen. Im Tageschart sind viele klassische Setups zu finden, die der Trader mit den Rainbow-Regeln umsetzen kann. Im Day-Trading sieht das hingegen etwas anders aus und unterliegt dort einer beachtlichen diskretionären Komponente. Deshalb werden hier ähnliche Muster genutzt. Genau das Wort »ähnlich« impliziert, dass hier die Meinungen über ein passendes Setup auseinandergehen können.

Red Bullish Engulfing (Burning Flame)

Genauso wie man die verwandten Red-Hammer-Setups während einer Burning Flame regelkonform handeln kann, bieten sich auch die Engulfing Patterns in einer Trendbewegung ohne Backspin an. Die Regeln sind auch hier ähnlich. Der Rainbow ist aufgefächert und die »Flamme brennt«. Es zeigt sich eine Kerze, deren Range deutlich kleiner ist als die durchschnittliche Schwankungsbreite. Hier kann standardmäßig eine ATR (5) verwendet werden. Die folgende Kerze umschließt die kleinere Kerze komplett. Der Schlusskurs liegt über dem Hoch der vorangegangenen Periode.

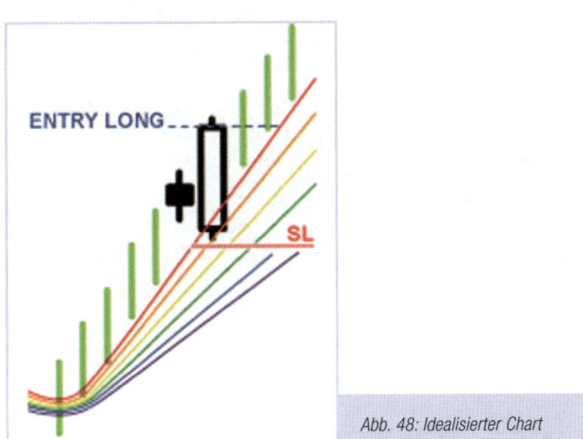

Abb. 48: Idealisierter Chart

Im Day-Trading gelten die im Exkurs zur klassischen Charttechnik bereits besprochenen Abwandlungen.

> Der Körper der weißen langen Kerze muss nicht die komplette Range der kleinen schwarzen umschließen. Es reicht, wenn der Schatten die Vorgängerkerze auf beiden Seiten überragt und der Schlusskurs über der Range der schwarzen Kerze liegt.
> Eine zweite Variante will im Unterschied zur ersten nicht mehr, dass der Schatten der weißen Kerze die schwarze unterschreitet. Es reicht aus, dass der Schatten der langen Kerze in der Nähe des Tiefstkurses der schwarzen Kerze notiert. Der Schlusskurs muss allerdings zwingend über der Range der kleinen Kerze liegen!
> Der initiale Stop-Loss liegt bei beiden Varianten unter dem Tiefstkurs der Kerzenkombination!

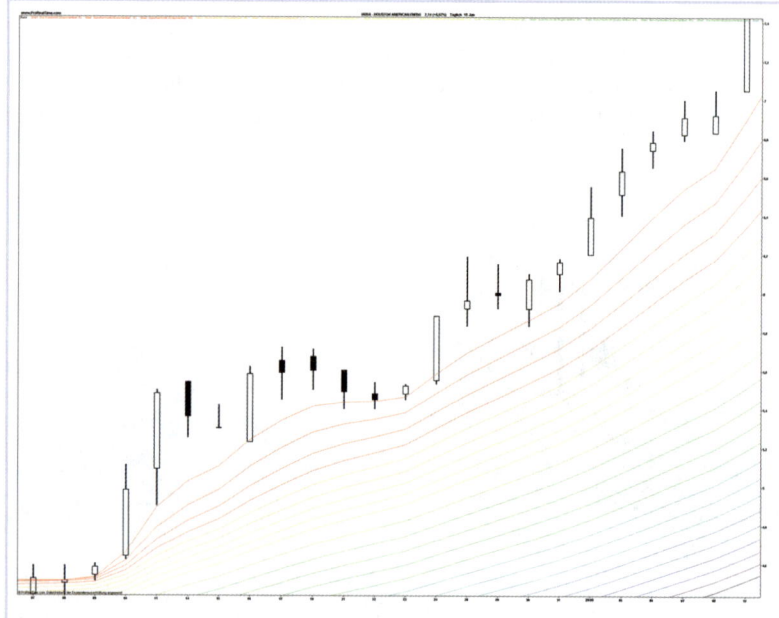

Abb. 49: Beispiel für ein Red Bullish Engulfing im Tageschart der »Houston American Energy« (Nasdaq). Im Chart sehen Sie den Zeitraum vom 7.12.2009 bis zum 11.01.2010. An den Tagen des 15. und 16. Dezember bildet sich ein Red Bullish Engulfing Pattern. Der Einstieg erfolgt zum Open des Folgetages. Der Kurs entwickelte sich erwartungsgemäß stark bullish! Der Stop-Loss liegt wie gewohnt direkt unter dem Engulfing Pattern. Ein relatives Tief für einen konservativen Stop-Loss ist allerdings nicht in einer zu tolerierenden Entfernung zu sehen.

Wie schon bei den Hammer-Setups gilt hier: Damit ein Stop-Loss an ein Verlaufstief gelegt werden kann, darf dieses nicht weiter als die doppelte Höhe der weißen Kerze vom Einstiegspunkt entfernt liegen. Wird dieses Kriterium nicht erfüllt, kann eine konservative Stop-Loss-Setzung nicht stattfinden. Somit muss der Trade ausgelassen werden oder der Trader entscheidet sich doch für die aggressive Variante.

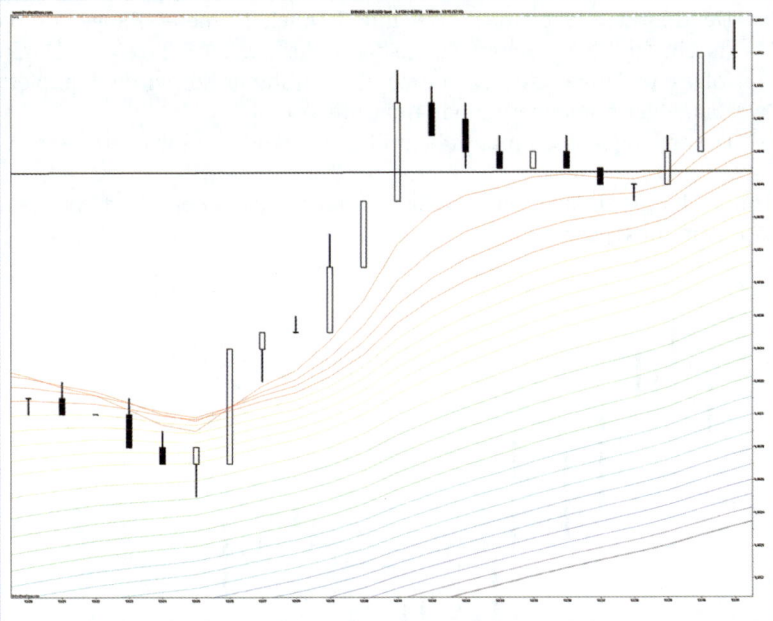

Abb. 50: Am 13. Januar 2010 bildete sich zur Mittagszeit ein Setup für ultrakurzfristige Scalper. Im 1-Minutenchart war ein Red Bullish Engulfing zu sehen. Dieser Chart zeigt, welche Abstriche bei der Ausformung des Setups gemacht werden müssen. Intraday werden Engulfing Patterns auch in der Rainbow-Trader-Szene immer heiß diskutiert. Solange aber die Hauptkriterien erfüllt sind, kann man das Setup als intakt betrachten. Der Schlusskurs liegt über der kompletten Range der letzten Kerze, die deutlich kleiner als die Average True Range der letzten fünf Perioden war! Die Signalkerze hat mindestens die durchschnittliche Größe der letzten Perioden! Dies ist hier der Fall und somit ein legitimer Entry nach dem Rainbow-Regelwerk.

Red Bearish Engulfing (Burning Flame)

Ist ein Trader (kurzfristig) bearisch eingestellt, hat er natürlich die Möglichkeit, ein Engulfing Pattern in der Abwärtsbewegung zu handeln. Was die Vorgehensweise betrifft, so wird erneut unterschieden zwischen Setups aus dem Tageschart und solchen, die in den untergeordneten Zeitfenstern auftreten.

Das Regelwerk im Tageschart:

> Der Rainbow ist voll aufgefächert und die Flamme brennt.
> Der Markt bildet eine Kerze mit deutlich kleinerer Range als die durchschnittliche Schwankungsbreite der letzten 5 Tage aus. Darauf folgt eine lange schwarze Kerze, die mit ihrem Körper die komplette Range der Vorgängerperiode umschließt.
> Der anfängliche Stop-Loss liegt über der langen schwarzen Kerze.

Um auch dies zu illustrieren, sehen Sie nachfolgend den Chart von Amazon.com im Tageschart.

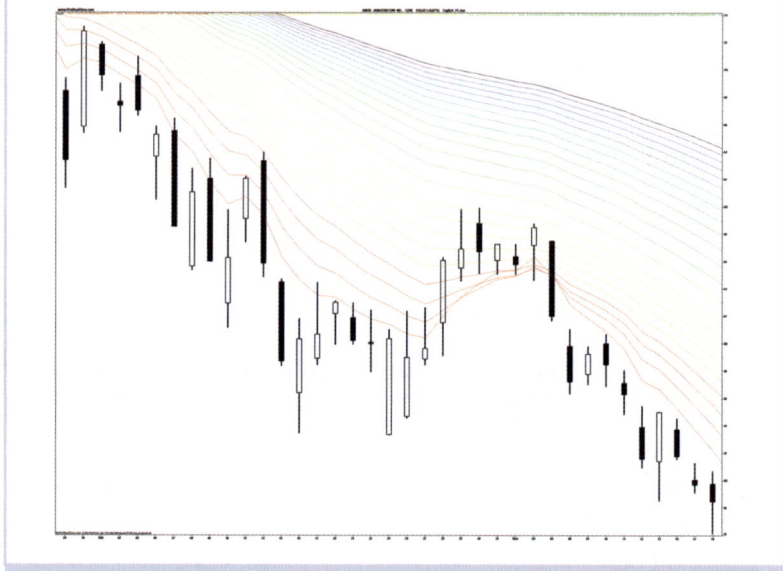

Abb. 51: Die Amazon-Aktie konsolidierte kurz und scharf. Es zeigte sich kein Backspin. Sofort bildete sich ein Red Bearish Engulfing Pattern, das zu einem Short-Einstieg genutzt werden konnte. Dies geschah an den Tagen des 13. und 14. Oktobers 2008.

Für das Day-Trading gelten folgende Regeln:

> Die Range der kleinen weißen Kerze muss nicht komplett von dem Körper der langen schwarzen umschlossen werden. Um einen Einstieg zu finden, reicht es aus, wenn der Schatten die Vorgängerkerze auf beiden Seiten überragt und der Schlusskurs unter der Range der weißen Kerze liegt.
> Die zweite Variante verlangt auch nicht mehr, dass der Schatten der langen schwarzen Kerze die kleinere weiße an der Oberseite überragt. Es ist zulässig, dass der Schatten der langen Kerze in der Nähe des Höchstkurses der kleinen Kerze endet. Der Schlusskurs muss allerdings unbedingt unter der Range der kleinen Kerze liegen!
> Ein Stop-Loss wird direkt über dem Höchstkurs der Kerzenkombination platziert.

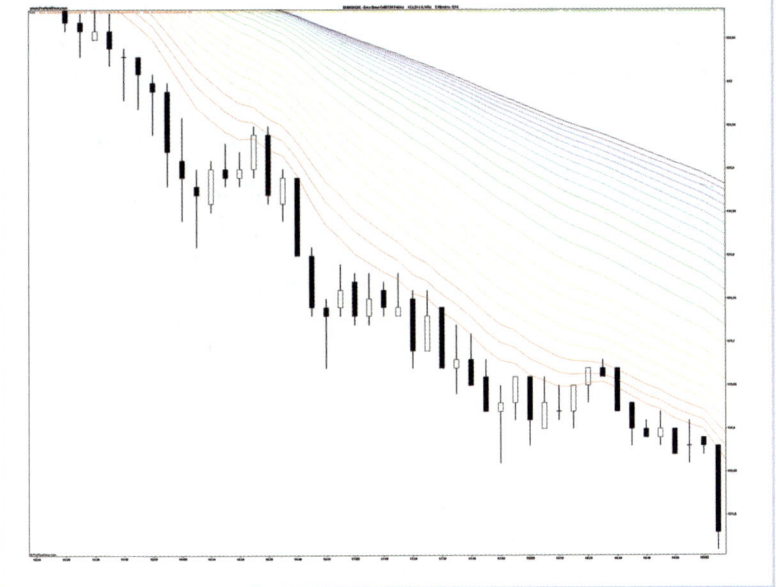

Abb. 52: Am 3. November 2009 bildete sich im 5-Minutenchart des Bund-Futures ein Red Bearish Engulfing im Trend. Der Short-Einstieg konnte um 16.30 Uhr gestartet werden. Der Preis lag in diesem Moment bei 121,89. Die anschließende Bewegung führte den Bund-Future über 40 Ticks tiefer.

Red Bullish Engulfing (im Backspin)

Als letztes Entry-Setup in der Reihe des (Full-)Rainbows, stelle ich Ihnen abschließend noch das Engulfing Pattern in einer Konsolidierung vor. Sucht ein Trader einen Einstieg durch dieses Setup, versucht er, das Ende einer Konsolidierung zu antizipieren. Dadurch ist ihm die Möglichkeit gegeben, im weiteren Verlauf der neu einsetzenden Bewegung seine Positionen aufzustocken. Warum signalisiert ein Engulfing Setup im Backspin eigentlich ein Ende der Konsolidierung? In einer Konsolidierungsphase bzw. einem Backspin werden die impulsiven Gewinne der Trendbewegung verarbeitet. Der Markt ist kurzfristig nicht mehr bereit, noch höhere Preise zu bezahlen. In diesen Phasen sammelt sich das Bullenlager für einen neuen Angriff. Es wird der Kurs gesucht, bei dem das Gros der Bullen wieder bereit ist sich zu engagieren, weil es eben diesen Kurs als unterbewertet ansieht. Auf dem Weg dahin baut sich ein Spannungspotential auf. Die Bären hängen entweder schief in ihren Positionen oder erwarten einen stärkeren Rückgang der Kurse und sind neu in den Markt gekommen. Trifft der Kurs auf bullishe Nachfrage, zieht der Preis impulsiv an. Genau das signalisiert ein Red Bullish Engulfing. Die Volatilität geht stark zurück. Ein letztes Down-Gap wird gerissen, bei dem die Bären noch einmal jubilieren dürfen. Aber innerhalb dieser Periode kommen die Bullen mit aller Macht zurück. Etwas ist passiert (meist das banale Ereignis eines Nachfrage-Überhangs ab einem bestimmten Level), das die Bullen kaufen lässt. Dieser Kaufdruck hält die ganze Periode an und der Kurs schließt über der Range der Vorperiode. In der Folgezeit werden die Bären immer mehr aus ihren Shorts »gesqueezt« und weitere trendfolgende Bullen zieht es in den Markt. Besonders lukrativ sind Engulfing Patterns, die sich unterhalb von relativen Hochs befinden. An dieser Stelle kommt der Effekt hinzu, dass dort ein ähnliches Spiel stattfindet. Beim Überschreiten dieser Verlaufshochs werden viele sich dort befindliche Stop-Losses der Bären ausgelöst und andere Bullen lassen sich gemäß der Dow-Theorie an diesen Punkten einstoppen. Der Hauptunterschied zwischen Entries bei »brennender Flamme« und Trades, die in Backspins eröffnet werden, liegt in der Möglichkeit, meist risikoarm pyramidisieren zu können. Natürlich ist der Trader nicht gezwungen, seine Position zu vergrößern, allerdings ergeben sich oft risikoarme Chancen, dies zu tun.

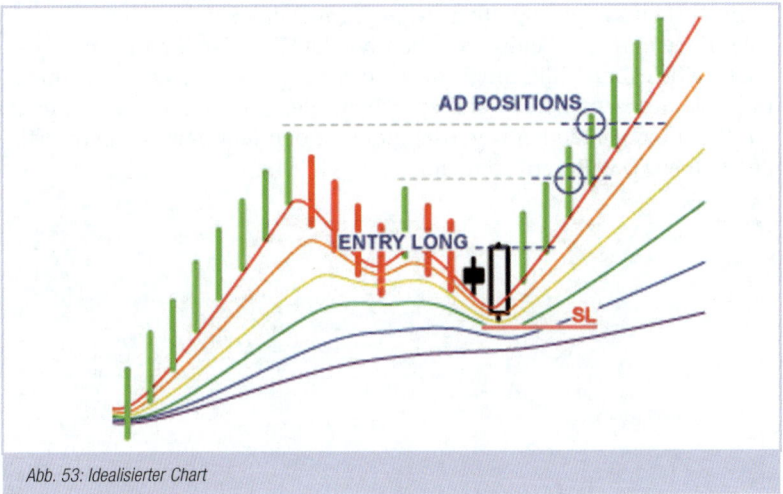

Abb. 53: Idealisierter Chart

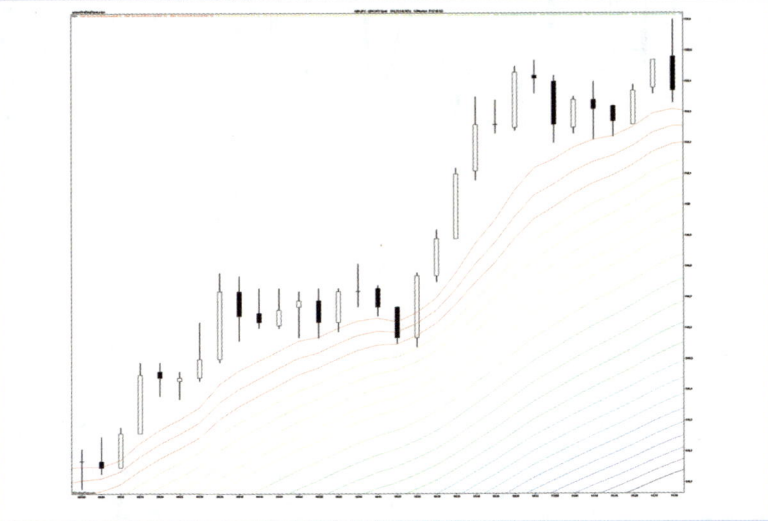

Abb. 54: Im Britischen Pfund zum Japanischen Yen kam es am 4. November gegen 10.25 Uhr im 5-Minutenchart zu einem Red-Bullish-Engulfing-Setup im Backspin. Der Backspin verlief sehr flach und war wenig ausgeprägt. Eine impulsive Bewegung schloss sich an.

Zum Abschluss der Engulfing Patterns im (Full-)Rainbow noch ein Beispiel für ein Yellow-Setup. Bei allen bis dato vorgestellten Einstiegsvarianten gibt es auch die Möglichkeit, diese als Yellow Pattern zu traden. Dabei laufen, wie bereits angesprochen, die Signalkerzen nicht nur bis zu den roten gleitenden Durchschnitten in den Rainbow, sondern bis zu den gelben. Das Regelwerk bleibt exakt gleich.

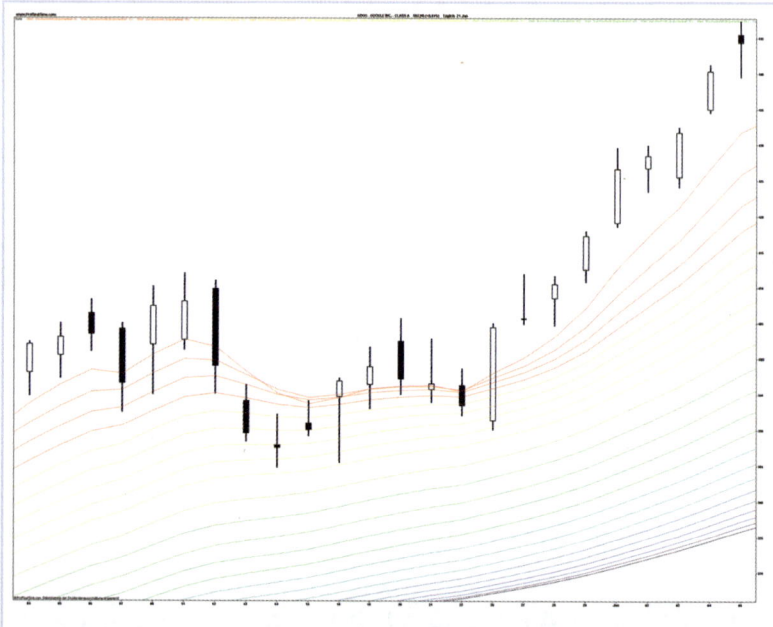

Abb. 55: Die Google-Aktie konnte am 26. Mai 2009 ein starkes Yellow-Bullish-Engulfing-Kaufsignal geben. Dies geschah am Ende eines Backspins. Das Signal wurde bei 404 $ generiert. Die Bullen sind zurück! Alle Kriterien sind mustergültig erfüllt. Besonders interessant ist auch bei diesem Setup, dass die Signalkerze dazu führt, dass die Fastline wieder in Trendrichtung auffächert (Burning Flame). Sie sehen an diesem Beispiel, dass die Übergänge von Entries in der Burning Flame und im Backspin fließend sind. Eine exakte Abgrenzung ist hier nicht möglich, aber auch zweitrangig. Unter dem Gesichtspunkt der Dow-Theorie konnte bereits drei Tage später (nach dem Überschreiten des relativen Hochs) die Position aufgestockt werden. Anzumerken ist ebenfalls, dass ein erstes bullishes Signal bereits 5 Tage vorher durch einen Yellow Hammer gegeben wurde!

Red Bearish Engulfing (im Backspin)

In einer bearischen Konsolidierung respektive einem Backspin will der Rainbow-Trader die potenzielle Fortsetzung der Trendbewegung handeln. Ein deutliches Indiz für das Ende eines zwischengeschalteten Backspins ist ein Red-Bearish-Engulfing-Setup. Der Unterschied zwischen den Setups des Tagescharts und im Day-Trading liegt analog zu den bereits beschriebenen Kriterien beim Red Engulfing im Trend (Burning Flame). Allerdings gibt es beim Red Bearish Engulfing im Backspin einen entscheidenden Unterschied in der Definition zu den vorangegangenen Setups. Die veränderte Volatilität in Bärenmärkten resp. Abwärtsbewegungen in Verbindung mit der charakteristischen Ausbildung der Backspins bedingt eine zwangsläufige Änderung der Einstiegskriterien. Eigentlich könnte man im Namen des Setups getrost das »Red« wegstreichen. Es wird in der Trader-Szene zwar angewandt, ist aber eher verwirrend. Alle Bearish Engulfing Patterns, egal ob Red, Yellow, Green oder Blue, werden als solche bezeichnet und dienen als Einstiegspunkte. Vereinfacht könnte man auch sagen: Sobald der Rainbow bearisch aufgefächert ist und sich ein Engulfing Pattern im Backspin bildet, dessen lange Kerze außerhalb des Rainbows schließt, ist dies ein Setup, welches umgesetzt werden kann!

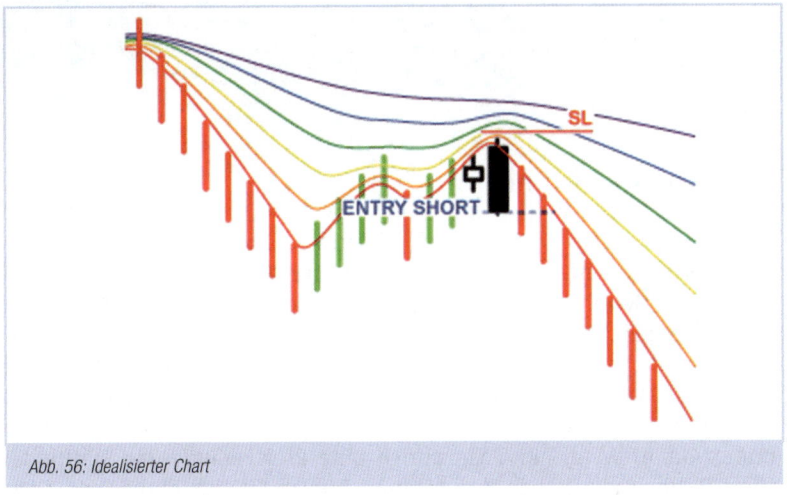

Abb. 56: Idealisierter Chart

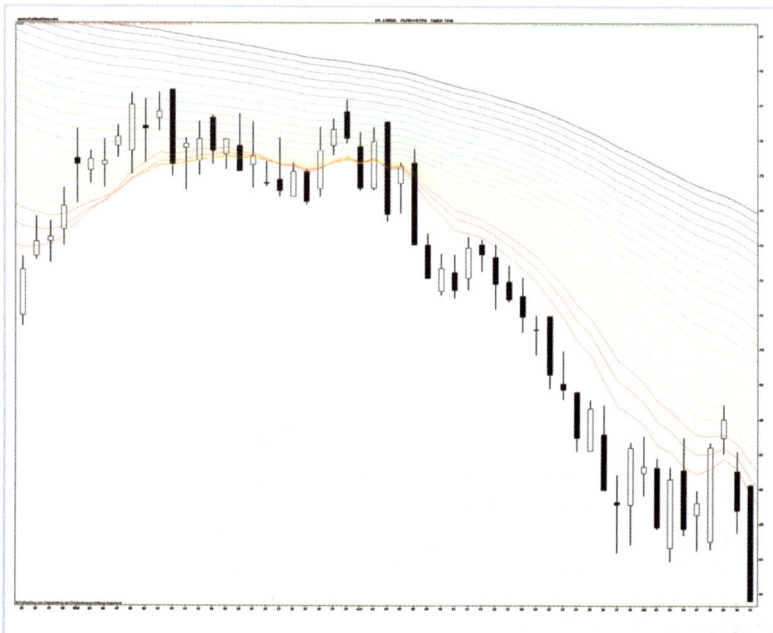

Abb. 57: Im Tageschart der Loreal-Aktie bildete sich am 3. und 4. Juni 2008 ein Red Bearish Engulfing Pattern (oder besser gesagt: ein Blue Bearish Engulfing). Der Einstieg erfolgte zu 75,21 €. Der Stop-Loss konnte anfänglich auf 76,60 € gelegt werden. Die folgende Bewegung führte die Aktie ohne Konsolidierung bis unter 65 €.

Rainbow-Scalping

Das Rainbow-Scalp-Trading ist eine relativ bekannte Form des Rainbow-Tradings und wird häufig als ursprüngliche Form dargestellt. Dies ist falsch. Das Rainbow-Scalping entwickelte sich als Unterform aus den verschiedenen Ansätzen. Scalp-Trading ist ultrakurzfristiges Handeln der kleinstmöglichen Bewegungen. Oft findet diese Form des Tradings in Tickcharts statt. Diese Charts haben eine nichtlineare Zeitachse. Sie bilden jeden Tick (kleinste Veränderung eines Preises) ab. Dies geschieht immer dann, wenn ein Tick, sprich eine Preisveränderung stattfindet. Viele Scalp-Trader haben ihre eigenen Abwandlungen entwickelt. Diese sind meist so speziell, dass sie weder quantifizierbar noch zu erlernen sind. Die Grundform des Rainbow-Scalpings hingegen, ist sehr einfach im Regelwerk, aber extrem schwierig mental zu traden.

Der Einstieg erfolgt in einem Tick- oder 1-Sekunden-Chart, wenn die Flamme brennt. Läuft der Trade auch nur einen einzigen Tick gegen den Trader, schließt er sofort den Handel. Sein Ziel sind 1–2 Ticks respektive Pips. Die meisten Scalper haben eine Trefferquote, die über 60 % liegt. Diese Handelsform erfordert allerdings eine extrem schnelle und zuverlässige Orderausführung. Dementsprechend ist nicht nur der Trader gefordert, sondern auch die technischen Voraussetzungen müssen diesen hochspezialisierten Anforderungen genügen. Sowohl die Anbindung an das Ordersystem wie auch die Hardware des Traders sollten auf Spitzenniveau liegen. Nachfolgend zwei Scalp-Trade-Setups:

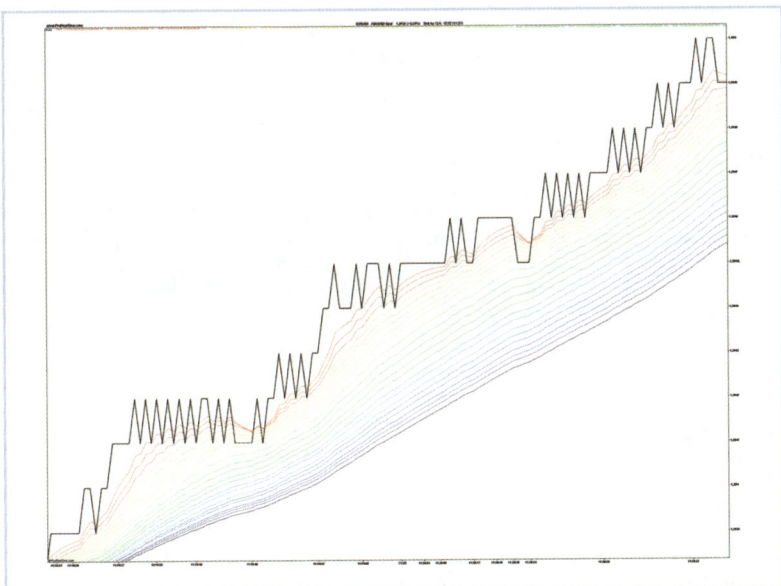

Abb. 58: Diese Abbildung zeigt den Tickchart des EUR/USD am 2.2.2010 von 11:19:24 – 11:20:36 Uhr. Wie bereits erwähnt kann die Zeitachse in einem Tickchart niemals linear verlaufen. Der Kurs bewegte sich in diesen 72 Sekunden um 11 Pips nach oben. Der Trader versucht, entlang des Rainbows long zu scalpen und 1–2 Pips pro Trade mitzunehmen.

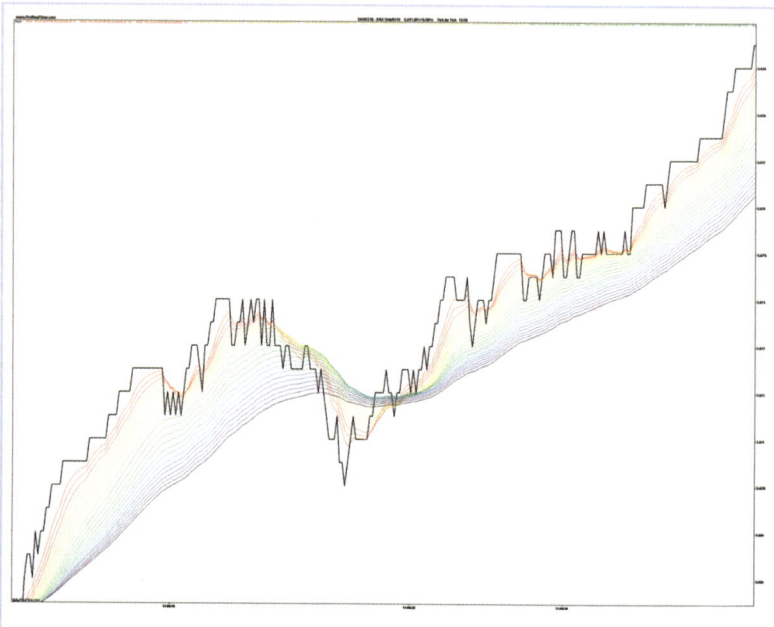

Abb. 59: Der FDAX® kann ebenfalls mit dem Rainbow gescalpt werden. Noch einmal der Hinweis, dass Scalp-Trading ein Höchstmaß an Wissen, mentaler Stärke und technischem Know-how verlangt. Zu sehen ist hier ein Tickchart des FDAX® vom 2. Februar 2010. Der Future auf den deutschen Leitindex DAX® zog innerhalb von ca. 30 Sekunden um 11 Punkte bzw. 22 Ticks an. Hier konnte der Trader ebenfalls entlang des Rainbows lukrative Scalp-Trades durchführen.

Lazybow Entries

Nachdem bis dato nur Entry-Setups aus dem (Full-)Rainbow beschrieben worden sind, kommt nun auch der Lazybow zum Einsatz. Er ist in der Rainbow-Theorie ein simpler Trendfilter, auf den im Laufe der Zeit einige extrem gute Einstiegs-Setups aufgebaut wurden. Die Signale unterscheiden sich deutlich von denen im (Full-)Rainbow. Im Lazybow wird der Schlusskurs beim Einstieg meist viel weniger bis gar nicht beachtet.

Lazybow Bullish Retrace1

Dieses Setup habe ich »Lazybow Retrace1« getauft. Was verbirgt sich hinter diesem kryptischen Namen? Den Begriff Lazybow habe ich gewählt, weil der Rainbow in diesem Setup sehr träge ist. Es fehlen viele der schnellen gleitenden Durchschnitte. Er zeigt den übergeordneten Trend simpel und zuverlässig an. Der Unterschied vom einfachen Lazybow zu den »Retrace«-Entry-Setups liegt in der Fastline, die für die Signalgebung von hoher Bedeutung ist. Zusätzlich ist beim Lazybow-Retrace1-Setup auch noch der nächst längere gleitende Durchschnitt zur Fastline im Chart dargestellt. Dieser wird ebenfalls als Fastline bezeichnet. »Retrace1« bedeutet, dass hier versucht wird, ein potenzielles Ende einer Konsolidierung zu antizipieren. Es ist kein Setup, das wie der Hammer bzw. das Engulfing Pattern im impulsiven Trend ohne Rücksetzer eingesetzt werden kann. Das Lazybow-Bullish-Retrace1-Setup will, wie viele andere Trendfolgesysteme, ebenfalls ein mögliches Ende der Backspins als Einstiegspunkt nutzen.

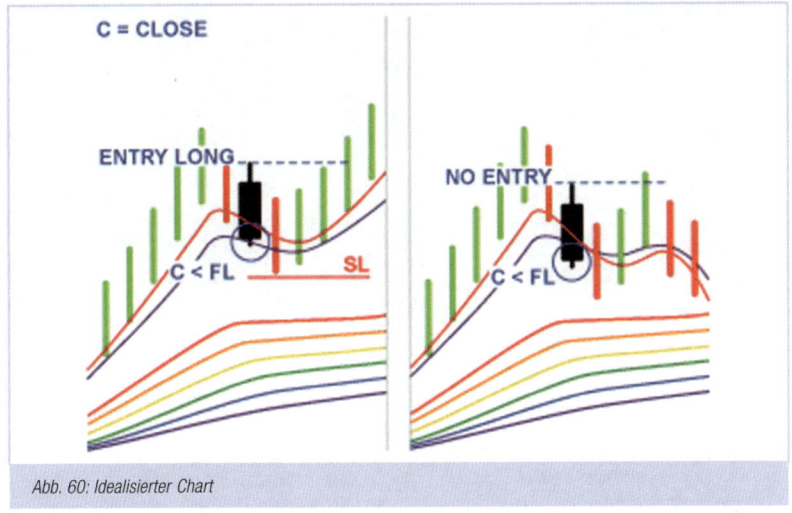

Abb. 60: Idealisierter Chart

Das Regelwerk des Lazybow-Retrace1-Setups lautet wie folgt:

> Der Lazybow muss voll aufgefächert sein und darf nicht mehr »spinnen«.

> Beide Fastlines müssen ebenfalls in die Richtung des Lazybows laufen und dürfen sich nicht entgegengesetzt kreuzen!
> Der Preis konsolidiert unter der ersten Fastline auf Schlusskursbasis. Hierbei ist es nicht wichtig, ob der Schlusskurs auch unter der zweiten Fastline liegt.
> Der Trader steigt in den Trade ein, wenn der aktuelle Kurs bzw. die aktuelle Kerze über das Hoch der vorangegangenen Kerze steigt. Ich verwende diese Regel nicht auf Schlusskursbasis! Eine Variante davon wäre, eben genau dieses zu tun und einen bestätigenden Schlusskurs über dem Höchstkurs der Vorgängerkerze abzuwarten.
> Der Stop-Loss liegt unter dem letzten Tief der Konsolidierung. Dies kann natürlich auch in manchen Fällen die Einstiegskerze sein.

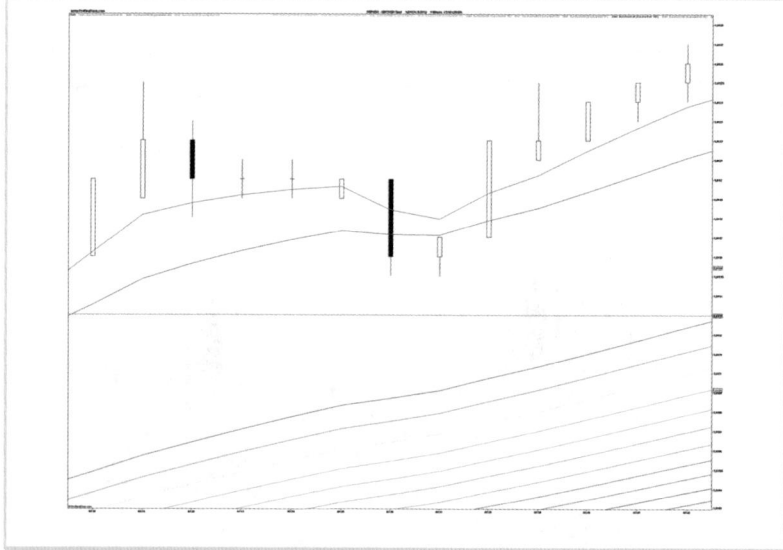

Abb. 61: Es ist ein Lazybow-Retrace1-Setup am 12.01.2010 im Währungsverhältnis GBP/USD zu sehen. Der Preis fällt in diesem 1-Min.-Chart per Schlusskurs unter die erste Fastline zurück (dass dabei auch die zweite unterschritten wird, ist von nachrangiger Bedeutung). Beide Fastlines kreuzen sich nicht. Sobald ein Höchstkurs einer Kerze überschritten wird, erfolgt ein Long-Entry! Dieser Entry wird so lange gesucht, wie sich die Fastlines noch nicht kreuzen. Findet dies aber statt, so sind keine weiteren Long-Trades mehr zulässig. Möchte ein Trader den Schlusskurs als Bestätigung bei Überschreitung eines Periodenhochs nutzen, so wird er meist deutlich später in die potenziell einsetzende Bewegung kommen (wie in diesem Fall). Der Vorteil dabei ist, dass er sich bei kurzen Fakes nicht so oft in einen Trade ziehen lässt, um sofort wieder ausgestoppt zu werden.

Lazybow Bearish Retrace1

Die gleichen Regeln, die gleichen Kriterien, nur »vice versa« (mit einer kleinen Ausnahme):

> Ohne Spin zieht der Lazybow gen »Süden«. Kein gleitender Durchschnitt schneidet einen anderen.
> Beide Fastlines zeigen eine kurze Korrektur an. Sie schneiden sich nicht!
> Der Kurs kommt zurück und schließt über der ersten Fastline. Die zweite ist hierbei wieder von untergeordneter Wichtigkeit.
> Der Trader steigt in den Trade ein, wenn der Kurs unter das Tief der vorangegangenen Kerze fällt. Auf der Shortseite favorisiert der Rainbow-Trader definitiv den sofortigen Entry ohne Bestätigung durch den Schlusskurs. Selbst beim Lazybow Bullish Retrace1 ist das Warten auf die Bestätigung schon eher ungewöhnlich. Durch die häufig erhöhte und schon oft angesprochene höhere Volatilität bei Short-Setups ist ein sofortiger Entry nach Signalgenerierung die bessere Wahl.
> Der Stop-Loss liegt über dem letzten Verlaufshoch. Dies kann wiederum in einigen Fällen die Einstiegskerze sein.

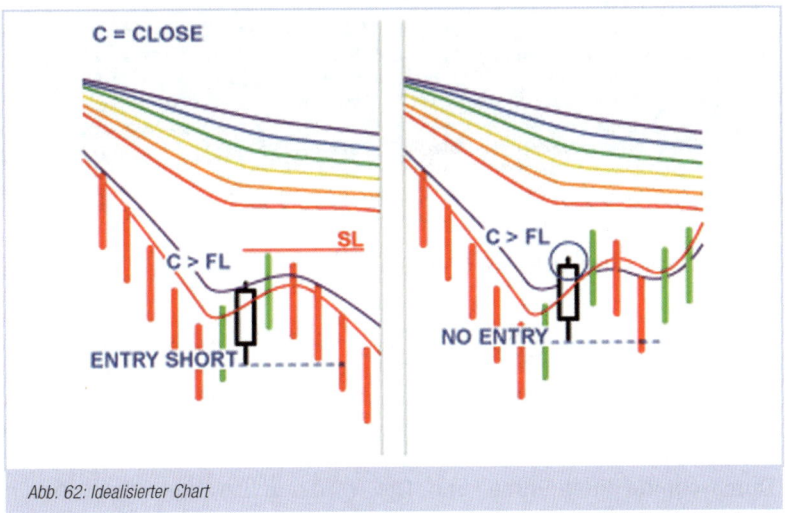

Abb. 62: Idealisierter Chart

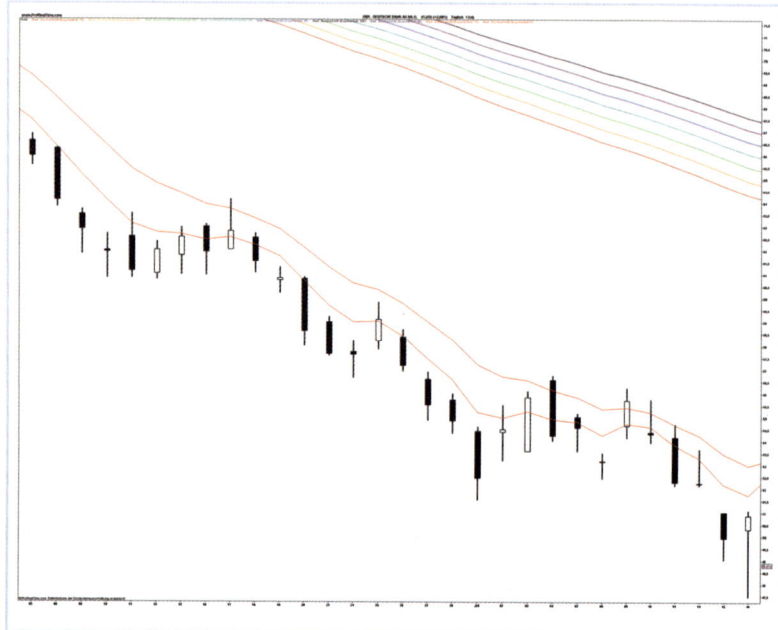

Abb. 63: Die Aktie der Deutschen Bank zeigte im Sommer 2008 gleich zweimal ein Lazybow-Bearish-Retrace1-Setup! Am 17. Juni schloss der Kurs über der Fastline. Bereits am Folgetag wurde das Tief der Kerze gebrochen und die Aktie konnte leerverkauft werden. Der Einstiegskurs lag bei 62 €. Genau das gleiche Setup wurde am 9. bzw. 10. Juli etabliert. Der Einstieg konnte zu 54,12 € vorgenommen werden. Das relative Tief dieser Bewegung wurde ohne ausgeprägte Konsolidierung bei 47,50 € gesetzt. In beiden Fällen konnten hohe Gewinne mit dem Leerverkaufen dieser Aktie erzielt werden.

Lazybow Bullish Retrace 1v2

Die Version 2 des Lazybow-Retrace1-Setups beinhaltet einige Unterschiede. Auf den ersten Blick erkennt man, dass die zweite Fastline nicht mehr im Chart verwendet wird. Es ist nur noch *eine* Fastline zu sehen. Das hat zur Folge, dass der Trader keine Auswertung mehr über die Tiefe der Korrektur anhand einer eventuellen Kreuzung der beiden gleitenden Durchschnitte durchführen kann. Dies wird durch zweierlei Taktiken umgangen. Eine dieser Herangehensweisen bedient sich der Pyramidisierung, die andere kauft erst in einer bestätigten Aufwärtsbewegung nach Ende der Korrektur.

Das konkrete Regelwerk zum Lazybow Bullish Retrace 1v2:

> Ein vollaufgefächerter Lazybow ist zu sehen.
> Der Kurs kommt unter die Fastline per Schlusskurs zurück und verharrt dort für einige Perioden. Der Trader eröffnet eine Long-Position, sobald der Kurs das Hoch der Kerze bricht, die als erste unter der Fastline geschlossen hat! Eine zweite Variante beinhaltet ein ähnliches Vorgehen wie beim Lazybow-Retrace1-Setup, um dann später zu pyramidisieren. Ein Long-Trade wird eröffnet, sobald ein beliebiges Hoch einer der Kerzen überschritten wird. Der Trade geht mit einer halben Positionsgröße in den Markt. Die zweite Hälfte wird zugekauft, sobald das Hoch der Kerze überschritten wird, die als erste unter der Fastline geschlossen hat!
> Der Stop-Loss liegt unter dem letzten Konsolidierungstief.

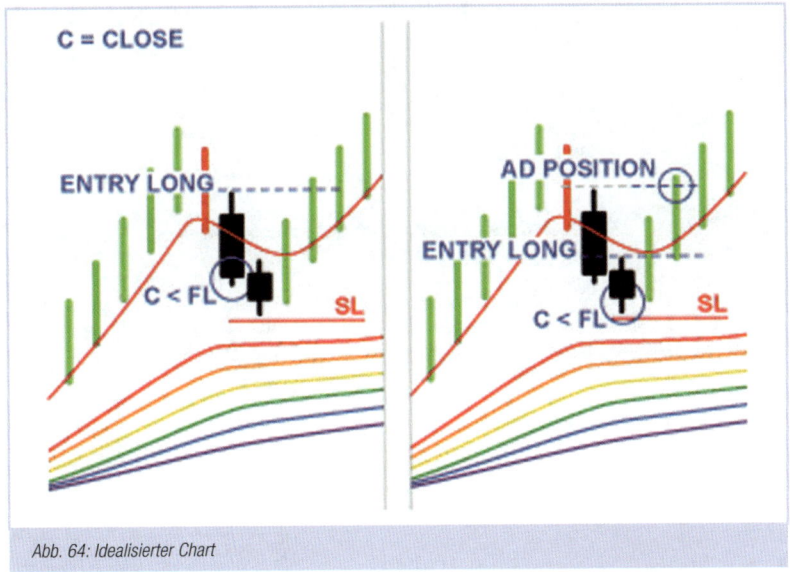

Abb. 64: Idealisierter Chart

Eine zweite Stop-Variante für Trader, die einen engen Stop-Loss lieben, bietet sich unter der Einstiegskerze an, die das Hoch der Periode mit dem ersten Schlusskurs unter der Fastline bricht.

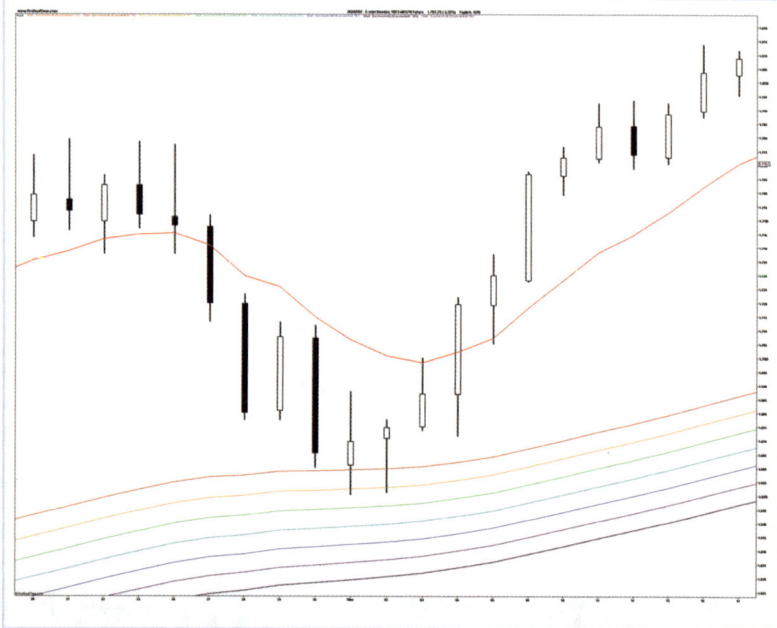

Abb. 65: Der Mini-Kontrakt des Nasdaq-100 zeigt im Tageschart ein Lazybow-Bullish-Retrace-1v2-Setup. Entscheidet sich der Trader für die Vorgehensweise, gestaffelt in den Markt zu gehen, eröffnet er am 04.11.2009 eine erste Long-Position. Nach dem Kursanstieg über 1749 Punkte, und somit über das Hoch der ersten Kerze, die unter der Fastline geschlossen hatte, wird die zweite Position getriggert. Der initiale Stop-Loss liegt unter dem Verlaufstief bzw. unter der zweiten Einstiegskerze. Ein kleiner Hinweis am Rande: Direkt am Tief der Konsolidierung bildete sich eine Hammerkerze, die auf dem Lazybow aufsetzte ...

Lazybow Bearish Retrace 1v2

Die Kriterien für ein Lazybow-Bearish-Retrace-1v2-Setup lauten wie folgt:

> Der Lazybow ist bearisch aufgefächert.
> Der Preis steigt auf Schlusskursbasis über die Fastline und verharrt dort für einige Perioden. Eine Short-Position ist legitim, sobald der Preis das Tief der Kerze bricht, die als erste über der Fastline geschlossen hat! Wie bei dem bullishen Pendant beinhaltet die zweite Einstiegsvariante einen aggressiven ersten Einstieg (halbe Positionsgröße). Dieser wird ausgelöst, sobald ein beliebiges Tief einer der Kerzen unterschritten wird, die über der Fastline geschlossen haben. Die zweite Hälfte der Position wird dazugekauft, wenn der Preis, analog zur ersten Variante, das Tief derjenigen Kerze bricht, die als erste über der Fastline geschlossen hat. Der Stop-Loss liegt über dem relativen Hoch der Konsolidierung.

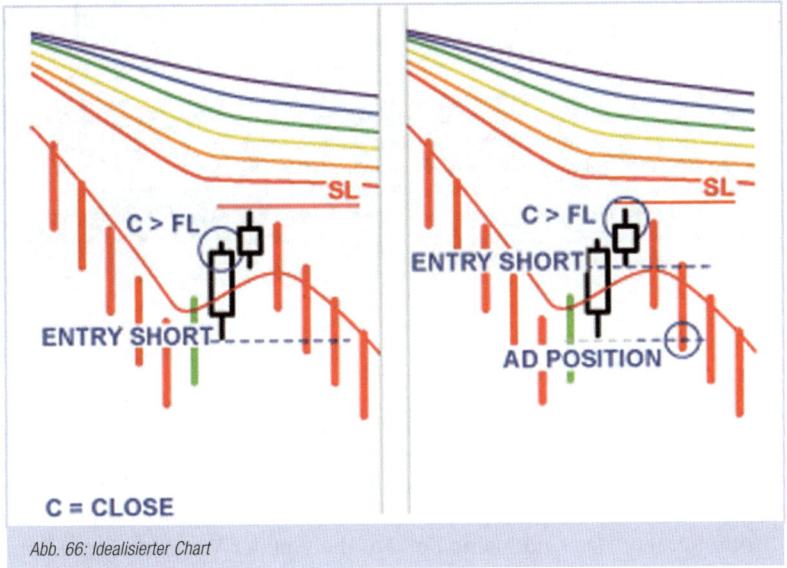

Abb. 66: Idealisierter Chart

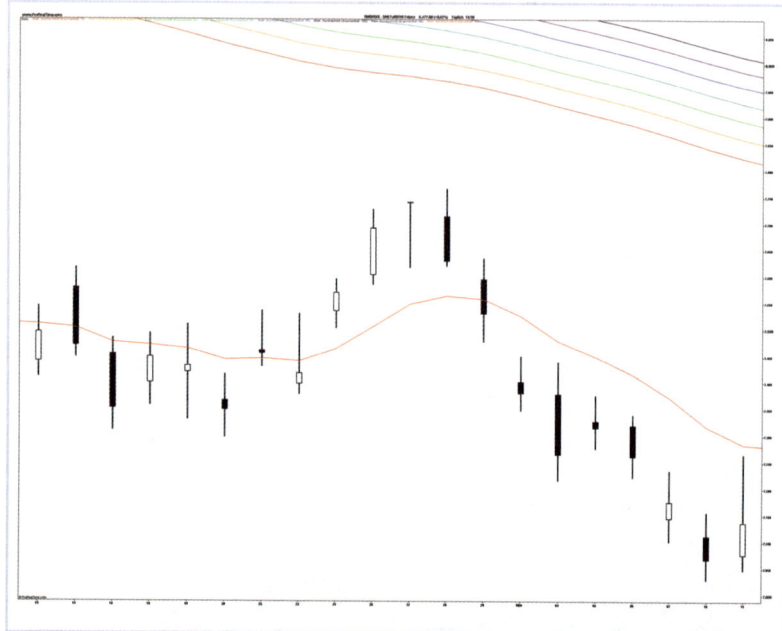

Abb. 67: Der SMI-Future bildete im Tageschart 2008 ein klassisches Lazybow-Bearish-Retrace-1v2-Setup. Am 25. Februar schloss der Future-Kontrakt zum ersten Mal seit Längerem über der Fastline. Vier Tage später wurde ein Kerzentief gebrochen. Der Short-Einstieg erfolgte bei 7597 Punkten. Am gleichen Tag wurde noch bei 7503 Punkten die zweite Position hinzugefügt, da das Tief der Kerze gebrochen wurde, die als erste über der Fastline geschlossen hatte. Der Stop-Loss lag bei 7765 Punkten. Die Bewegung führte den Preis für einen SMI-Kontrakt in einem Rutsch bis auf 7030 Punkte. Im weiteren Verlauf wurde ein signifikantes Verlaufstief bei einem Stand von 6670 etabliert.

Lazybow Bullish Inside Out

Ein sehr populäres Entry-Setup, das von vielen Rainbow-Tradern regelmäßig genutzt wird, ist der Lazybow Inside Out. Bei diesem Setup wird keine Fastline verwendet. Der Lazybow dient allein der Trendbestimmung! Hat sich ein verlässlicher Trend etabliert, sucht der Trader nach Inside-Kerzen. Das sind kleine Kerzen, die von der Vorgängerkerze komplett umschlossen werden. Sie sind mehr oder weniger ein umgedrehtes Engulfing Pattern. Einer ersten langen Kerze folgt eine kurze, die es weder schafft, den Höchst- noch den Tiefstkurs der langen Kerze zu brechen. Die Regeln für den Entry im Lazybow Inside Out lauten wie folgt:

> Der Lazybow ist voll aufgefächert und zeigt einen stabilen, verlässlichen Trend. Der Kurs liegt darüber.
> Es bildet sich eine Inside-Kerze (auch bekannt als Inside-Bar).
> Bricht die nächste Kerze oder eine der Folgenden das Hoch der Outside-Kerze, so eröffnet der Trader sofort eine Long-Position. Wer Fakes entgehen möchte, wartet den Schlusskurs ab. Allerdings verliert der Trader natürlich wieder am CRV.
> Es wird nur ein Ausbruch in Trendrichtung gehandelt!
> Der SL liegt unter dem Tief der langen Kerze. Der aggressive Trader legt den anfänglichen Stop-Loss unter die Kerze, die das Hoch der Outside-Kerze bricht. Dies ist allerdings erst möglich, wenn die Periode beendet ist. Bis dahin muss auch hier der Stop-Loss unter der langen Kerze liegen.

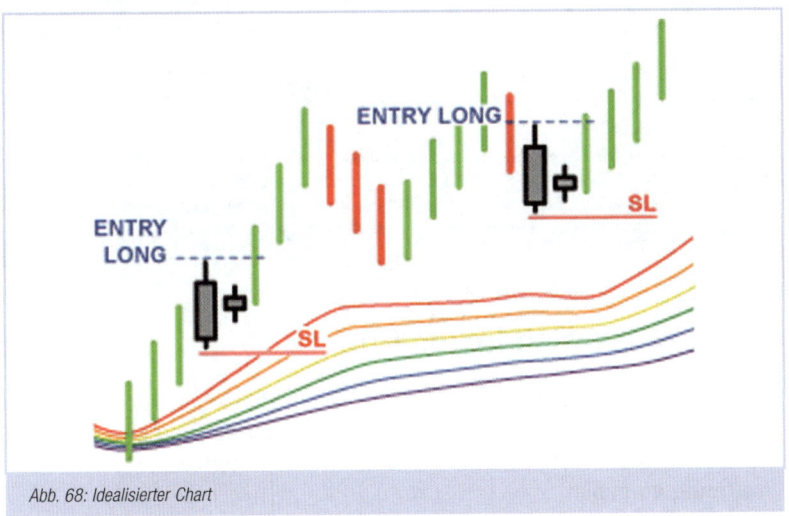

Abb. 68: Idealisierter Chart

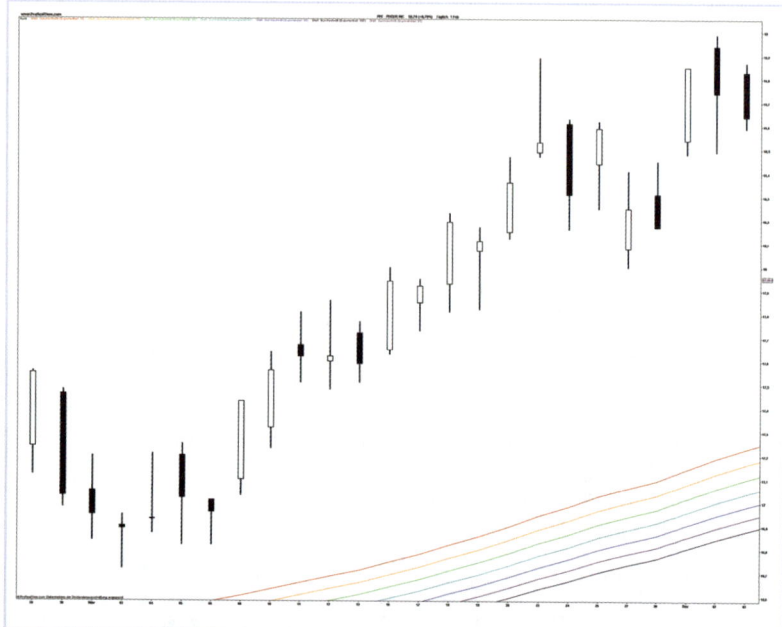

Abb. 69: Die Pfizer-Aktie konnte im Tageschart nach einer Inside-Kerze am 13. November 2009 ein Lazybow-Bullish-Inside-Out-Setup vollenden. Gemäß Regelwerk konnte über dem Hoch des 12.11.2009 gekauft werden. Der anfängliche Stop-Loss lag bei 17,47 $ unter dem Tagestief der Outside-Kerze. Bereits acht Tage später konnte der Trader erneut in dasselbe Setup einsteigen. Beide Trades liefen umgehend in den Profit.

Lazybow Bearish Inside Out

Genauso beliebt wie der Bullish Inside Out ist natürlich auch das Setup der Bären. Sobald der Lazybow nach Süden aufgefächert ist und sich eine Inside-Kerze zeigt, kann der Trader nach Regelwerk bei der Trade-Eröffnung vorgehen.

> Bricht die nächste Kerze bzw. eine der Folgenden das Tief der Outside-Kerze, so ist es dem Trader möglich, eine Short-Position im Markt zu eröffnen. Das Warten auf einen Schlusskurs unter der langen Kerze ist zwar legitim, wird aber von sehr wenigen Rainbow-Tradern umgesetzt.

> Es wird nur ein Ausbruch in Trendrichtung gehandelt! Der SL wird hier über dem Hoch der langen Kerze gesetzt.

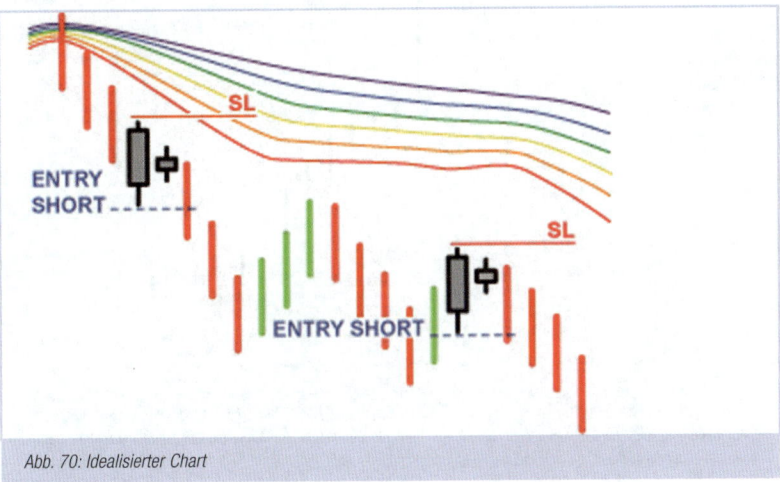

Abb. 70: Idealisierter Chart

Lazybow Fibo-Hammer

Ein weiteres Setup, das vorgestellt wird, ist eine Kombination aus verschiedenen Ansätzen. Die Basis stellt wie immer der Rainbow dar, in diesem Fall erneut der Lazybow. Es ist selbstverständlich, dass dieser Trendfilter einen intakten Trend anzeigen muss, ehe man über einen Einstieg nachdenken kann. Ist dies der Fall, so sucht der Trader nach einer deutlichen Trendbewegung. An diese legt er ein Fibonacci-Retracement an. Wichtig bei diesem Setup ist, dass eine potenzielle Konsolidierung über dem Lazybow enden muss. Sieht ein Trader, dass die wichtigen Fibonacci-Retracements unter dem Lazybow liegen, so ist dieses Setup für diesen Basiswert bzw. diesen Moment von vornherein uninteressant. Der Ausgangspunkt der Bewegung muss nicht zwangsläufig über der Centerline liegen. Der Einstieg erfolgt, sobald sich eine Hammerkerze auf einem 38,2- oder 50 %-Retracement bildet. Diese Hammerkerze darf mit dem Schatten das Retracement-Niveau kreuzen. Liegt entweder der Schluss- oder der Eröffnungskurs unterhalb des jeweiligen Levels, ist nach Gesichtspunkten des Rainbow-Tradings kein Einstieg zulässig.

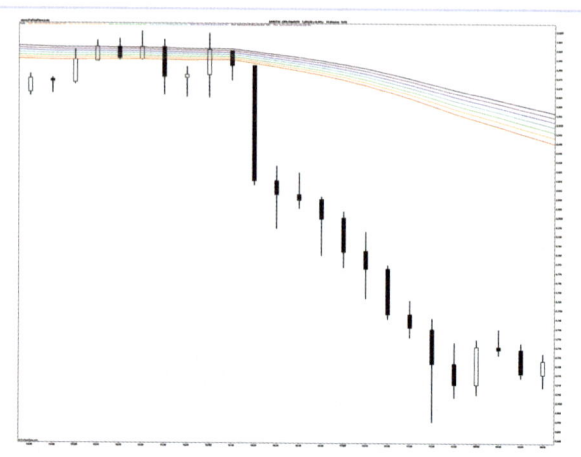

Abb. 71: Im 10-Minutenchart des FDAX® zeigte sich am 21.01.2010 um 16.40 Uhr eine Inside-Kerze im Abwärtstrend. Der Trader konnte mit Unterschreiten des Tiefs der Outside-Kerze bei 5794 Punkten eine Short-Position eröffnen. Der Stop-Loss des Trades konnte anfänglich bei 5883 Punkten platziert werden.

Abb. 72: Während der Silberhausse in den Jahren 2005 und 2006 setzte der Preis des Silber-Future-Kontrakts am 21.12.2005 auf dem 50 %-Fibonacci-Retracement auf. Am gleichen Tag bildete sich ein Lazybow Fibo-Hammer. Der Einstieg konnte zum Open des nächsten Tages erfolgen.

Lazybow Fibo-Shooting-Star

Was den Bullen der Fibo-Hammer, ist den Bären der Fibo-Shooting-Star. Die Verbindung dreier mächtiger Werkzeuge der Chartanalyse bildet auch für Short-Trades ein wunderbares Setup. Der Lazybow zieht aufgefächert nach Süden und eine Trendbewegung ist deutlich abgrenzbar, um sinnvoll ein Fibonacci-Retracement anzulegen. Bildet sich ein Shooting Star auf dem 38,2- bzw. 50 %-Retracement, geht der Trader eine Short-Position ein. Stop-Loss ist anfänglich das Hoch der Signalkerze!

Abb. 73: Das Währungspaar AUD/JPY erholte sich im Jahr 2008 nach einem kräftigen Kursrutsch bis zum 38,2 %-Fibonacci-Retracement. Dort bildete sich ein Shooting Star unter Rainbow-Trading-Gesichtspunkten. Diese Formation konnte am 15.10. zum Open der Kerze short gehandelt werden.

Lazybow Bullish-Fakeout-Funbox

Als letztes Entry-Setup in diesem Buch möchte ich die Lazybow Fakeout-Funbox vorstellen. Dieses Einstiegsszenario basiert auf einem Fake-Ausbruch in einem untergeordneten Zeitfenster, das von den Bullen der übergeordneten Zeitebenen wieder gekontert wird. Eine Lazybow Bullish-Fakeout-Funbox geht auch des Öfteren mit deutlichem Momentum einher. Käufer aus übergeordneten Zeitebenen drücken nicht nur mit ihren Orders den Preis nach oben, sondern es wird auch ein Short Squeeze aus den niedrigen Timeframes initiiert. Dieses Setup funktioniert besonders gut bei Aktien im Tageschart, kann aber natürlich auf alle Basiswerte und Timeframes angewandt werden. Die detaillierten Regeln lauten wie folgt:

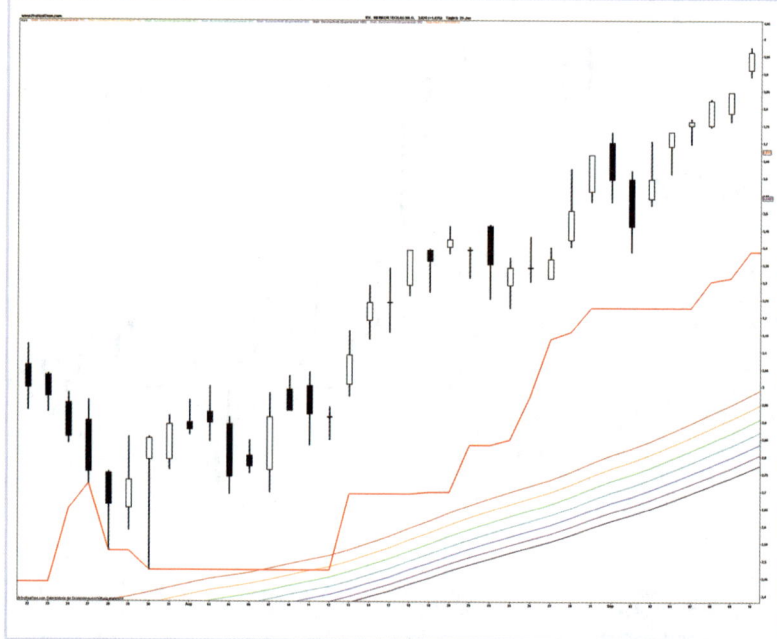

Abb. 74: Die Infineon-Aktie im Tageschart. Am 30. Juli 2009 wurden alle Kriterien für eine Lazybow Bullish-Fakeout-Funbox erfüllt. Ein Trade konnte am 31. Juli zu 2,790 € eröffnet werden. Als Stop-Loss bot sich das Niveau von 2,466 € an. Die Aktie zog rasant bis auf über 4 € ohne nennenswerte Konsolidierung an. Dort bildete sich ein Rainbow Exit Pattern. Der Trade verdiente das 3,8-fache des Risikos!

> Der Lazybow ist aufgefächert und der Kurs liegt darüber.
> Der Preis fällt im frühen Handel auf ein neues 20-Tage-Tief. Im Laufe des Tages bildet sich ein bullishes Reversal. Der Schlusskurs liegt in den oberen 15 % der Range und/oder die Aktie schließt im Plus.
> Die Tages-Range sollte deutlich über der ATR der letzten 5 Tage liegen!
> Die Aktie wird zum Open des nächsten Tages gekauft.
> Der Stop-Loss liegt unterhalb der Signalkerze.

Lazybow Bearish-Fakeout-Funbox

Wie bei allen Setups soll auch bei dem letzten die bearische Variante nicht zu kurz kommen. Die Lazybow Bearish-Fakeout-Funbox kommt auch hauptsächlich bei Aktien im Tageschart zum Einsatz. Besonders in Phasen, in denen sich die Märkte in Panik befinden, kann mit diesem Setup extrem gut gehandelt werden. Aber auch in Bullenmärkten finden sich immer genügend Möglichkeiten, schwache Aktien mit der »Funbox« zu shorten und von fallenden Kursen zu profitieren:

> Der Lazybow ist bearisch aufgefächert und der Kurs liegt darunter.
> Der Preis steigt im frühen Handel auf ein neues 20-Tage-Hoch. Im Laufe des Tages bildet sich ein bearisches Reversal. Der Schlusskurs liegt in den unteren 15 % der Range und/oder die Aktie schließt im Minus.
> Die Range des Tages muss deutlich über der ATR der letzten 5 Tage liegen!
> Die Aktie wird zum Open des nächsten Tages leerverkauft.
> Der Stop-Loss liegt oberhalb der Signalkerze.

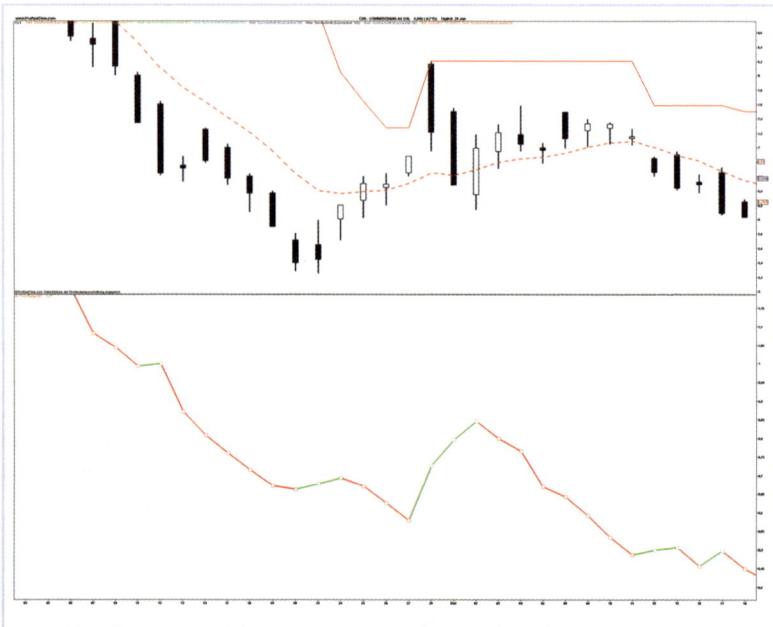

Abb. 75: Bei der Commerzbank-Aktie zeigte sich eine Lazybow Fakeout-Funbox am 28.11.2008. Alle Kriterien wurden erfüllt und der Trader eröffnete eine Short-Position zum Open der nächsten Kerze. Der anfängliche Stop-Loss lag bei 8,25 € oberhalb der Signalkerze.

Die Trading Sessions – Es ist Mittagspause

Am Ende dieses Kapitels möchte ich noch auf eine häufig vernachlässigte Komponente des Tradings zu sprechen kommen. Ein Faktor, der über Wohl und Wehe eines Handelsansatzes entscheiden kann und der maßgeblich dazu beiträgt, ob ein Trader profitabel ist. Es gilt nicht nur zu klären, mit was für einem Ansatz man welchen Basiswert tradet! Genauso ist es von elementarer Wichtigkeit, zu entscheiden, wann diese Strategie gehandelt werden soll. Es macht einen sehr großen Unterschied, ob ich beispielsweise den Forexmarkt in der europäischen Mittagsflaute traden möchte oder morgens zu Beginn der Session. Verschiedene Zeitfenster sind in unterschiedlichen Basiswerten für Trendfolger sehr gut geeignet, andere überhaupt nicht! Besonders interessant sind die Zeiten, in denen dem jeweiligen Markt neue Liquidität zugeführt wird. Dies findet morgens zwischen 8–9 Uhr statt, wenn der europäische Markt seinen Handel startet. Diese Liquidität hält an, bis sich die »Big Boys« (Banken, Fonds etc.) in die Mittagspause begeben. Zu diesem Zeitpunkt wird der Markt nur noch von Assistenten überwacht. Die Mittagsflaute setzt gegen 12 Uhr ein und zieht sich meist über 2 Stunden hin. In dieser Zeit wirkt der Markt häufig wie im Mittagsschlaf. Das gilt mehr oder weniger für alle Märkte, egal ob Futures, Aktien, Anleihen oder Devisen. Einzige Ausnahme bilden Sondersituationen wie zum Beispiel Zinsentscheide der EZB (Europäische Zentralbank) oder der Hexensabbat (Verfall von Termingeschäften). Da diese Termine aber weit im Voraus bekannt sind, stellen sie nur selten – und keineswegs überraschend – eine willkommene Abwechslung in der Mittagsflaute dar. Ab 14 Uhr kommt das Volumen langsam in die Märkte zurück. Nach einer weiteren halben Stunde spült es durch die Eröffnung der amerikanischen Futures-Märkte neue Trader in den Markt. Die Volatilität springt merklich an, da jetzt auch alle Big Boys aus Europa an den Tradingdesks sitzen. Ab 15.30 Uhr, mit Eröffnung der Wallstreet in New York, ist wieder richtig Action im Markt. Diese hält bis mindestens 17.30 Uhr an. Zu dieser Zeit schließen die ersten großen Börsen in Europa (unter anderem auch der Kassamarkt in Frankfurt), und in den USA ist die erste Hektik des Tages verflogen. Auch in New York beginnen die ersten Trader, sich ganz allmählich auf die Mittagspause einzurichten. Zwischen 18.30 und 20 Uhr neigen die Märkte dazu, sich in sehr kleinen Ranges zu bewegen; beispielsweise die US-Aktien, der Devisenhandel oder die Futures-Märkte (auch der FDax). Danach läuten die US-Börsen den Schlussspurt ein, ehe um 22 Uhr die Schlussglocke für manche Märkte erklingt, um den Staffelstab alsbald an die Asiaten zu übergeben. Nach dieser Betrachtung sollte jeder Trader erkennen, dass es wichtig ist, die Wahl des Ansatzes mit den favorisierten Handelszeiten in Einklang zu bringen. Es ist unmöglich, dem Markt seinen Rhythmus aufzuzwingen. Die lukrativsten Zeiten für Trendfolger sind meist 8–12 Uhr vormittags, 14.30–18 Uhr nachmittags und 20.30–22 Uhr abends.

Exkurs: Der Markt erteilt eine Lektion

Ein Trader, mit dem ich über das Internet flüchtig bekannt war, bat mich, ihm meine in einem Forex-Forum beschriebenen Tradingtechniken im realen Einsatz etwas näherzubringen. Er war ein begeisterter Leser meiner Posts und hatte mir schon öfters E-Mails geschrieben. Also lud ich ihn ein, ihm zwei Tage lang via Live Messenger meine Trades zu zeigen und umzusetzen. Er war Feuer und Flamme. Es waren für mich sogar zwei sehr profitable Tage. Für ihn nicht. Was war passiert? Ich hatte an beiden Tradingtagen bereits vormittags einen satten Profit im Forexmarkt eingefahren. Vor allem EUR/USD und Cable (GBP/USD) zeigten am zweiten Tag mit Start der European Session starke tendierende Bewegungen. Bereits zur Mittagszeit hatte der EUR/USD die Average True Range der letzten 5 Tage deutlich überschritten. Diese Beobachtung veranlasste mich, auf keinen Fall in der Mittagszeit zu traden. Ich handle generell sehr ungern über die Mittagsstunden; nach starken Bewegungen in der Vormittagsphase verzichte ich sogar ganz darauf! Es standen auch keine News auf der Agenda. Ich wollte erst zur Eröffnung der Wallstreet in den USA wieder nach Chancen suchen. Natürlich teilte ich dies meinem Bekannten via Messenger mit. Er war voller Euphorie über seinen erzielten Profit der letzten eineinhalb Tage. Es lag eine über 3-stündige Mittagspause vor uns. Ich nützte die Zeit, um mir etwas die Beine zu vertreten und mein Trading-Tagebuch zu führen. Ein leckeres Mittagessen gab es natürlich auch. Als ich um kurz vor halb vier meinen Messenger wieder öffnete, erwartete mich ein völlig aufgelöster Trader. Ich konnte am Anfang gar nicht verstehen, was passiert war. Es stellte sich allerdings ziemlich schnell heraus, dass er es in seiner Euphorie geschafft hatte, den kompletten Profit der letzten Tradingsessions in einer einzigen Mittagspause zu verbrennen. Das Währungsverhältnis EUR/USD zeigte in dieser Zeit viele Fake-Ausbrüche und unsaubere Muster. Heute weiß ich, dass er aus dieser Lektion gelernt hat. Es geht einfach nicht gut, wenn man, nur weil gerade Zeit dazu ist, ein paar Trades abfeuert. Genauso wenig funktioniert es, jede Uhrzeit mit denselben Tradingtaktiken anzugehen. Verstehen Sie mich bitte nicht falsch. Die Mittagszeit kann sehr wohl profitabel gehandelt werden; allerdings in den seltensten Fällen mit einer Strategie, die auf starke Trends respektive Momentumschübe ausgerichtet ist. Es gilt immer, folgende drei Komponenten im Auge zu behalten: Welchen Basiswert will ich handeln, in welcher Zeitebene und zu welcher Uhrzeit?

Trailing-Stop & Exits – Wie beende ich den Trade?

Als Trader muss man sich natürlich nicht nur die Frage nach einem passenden Einstieg stellen, sondern auch, wie man den Trade sinnvoll beenden kann. Der Ausstieg ist ein wichtiges Puzzleteil einer jeden Handelsstrategie. Alle Teile eines Trades müssen zusammenpassen. Der Einstieg, der initiale Stop-Loss, der Trailing-Stop und ein eventuelles Profit Target. Passt ein Teil nicht in die Strategie, kann dies verheerende Auswirkungen auf die Performance haben. Jeder Trader muss seine Strategie gezielt nach Schwachstellen durchsuchen. Gute Einstiegspunkte nützen nichts, wenn der Trade danach vollkommen falsch verwaltet wird. Alle Komponenten sind gleich wichtig und eine Fokussierung auf nur einen Teilaspekt des Tradingprozesses wird nicht zum Erfolg führen. Das Rainbow-Trading definiert für das Trade-Management bzw. den Take Profit drei Standardvarianten. Diese sehen folgende Möglichkeiten vor: Der Ausstieg erfolgt nach fester Zielvorgabe anhand eines bestimmten CRVs, per Trailing-Stop durch das Verletzen von bestimmten Hochs oder Tiefs eines Preiskanals oder mithilfe klassischer Umkehrmuster und Formationen. Es ist von elementarer Bedeutung, zu verstehen, dass der Trade nicht bereits nach dem Einstieg gelaufen ist. Viel zu oft wird der Fehler gemacht, nach guten Entry-Setups zu suchen und dabei zu vergessen, dass erst der Ausstieg über Gewinn und Verlust entscheidet. Wie gehen Sie mit Buchverlusten um? Wie mit Buchgewinnen? Wann wird der Stop-Loss nachgezogen? Wann auf Break-even gesetzt? Sind Sie bereit Ihre Buchgewinne wieder abzugeben? Wenn ja, wie viel davon? Haben Sie ein Zeitziel? Was passiert, wenn der Trade einfach um den Einstieg oszilliert? Schließen Sie den Trade? Hat somit die Zeitachse einen Einfluss? Manchmal ist die Frage des Einstiegs einfacher zu klären. Sie sehen schon: Es liegt noch ein sehr wichtiges Kapitel vor uns. Denken Sie bitte immer daran, wie wichtig es ist, einen Plan zu haben und auf möglichst viele Eventualitäten eingestellt zu sein. Ein Trader darf niemals den Fehler machen, durch seine Emotionen während des Handels von seinem Plan abzuweichen! Genauso wenig wie eine Position ohne triftigen Grund eröffnet werden darf, sollte sie ohne diesen geschlossen werden.

Umkehrmuster und Formationen

Als erstes Ausstiegs-Setup stelle ich klassische Kerzenformationen vor. Diese sind bereits im Kapitel »Rainbow-Trading – Der Einstieg in den Trade« vorgestellt worden. Bei einem Ausstieg im Rainbow-Trading werden die Kerzenformationen nach der klassischen Lehre verwendet! Bitte achten Sie auf diesen Unterschied. Es ist von elementarer Wichtigkeit! Bei den zu verwendenden Kerzenmustern handelt es sich um Shooting Stars und Hammerkerzen. Vielleicht werden Sie sich fragen, wie dieselben Kerzen, die sich für einen Einstieg in einen Trade verantwortlich zeigen, auch gleichzeitig ein Signal zum Ausstieg sein können? Hier spielt neben der klassischen Anwendung der Candlestick-Lehre insbesondere der Abstand der Kerzen zu den Fastlines eine entscheidende Rolle. Die folgenden Ausstiegs-Setups bilden einen sehr soliden Grundstock, um einen Trade sinnvoll zu beenden und Gewinne mitzunehmen.

Shooting Star – Somewhere over the Rainbow

Der Shooting Star ist in Verbindung mit seiner Position zu der jeweiligen Fastline sehr mächtig. Um das Regelwerk möglichst klar zu formulieren, muss definiert sein, was einen Shooting Star zu einem solchen macht. »Bei einem Shooting Star sollte der obere Schatten mindestens zweimal so lang sein wie der Körper, dessen Farbe schwarz oder weiß sein kann. Es sollte keinen oder nur einen minimalen unteren Schatten geben.« (siehe Rainbow-Trading – Der Einstieg in den Trade). Um ein Ausstiegssignal zu erhalten, muss zusätzlich unbedingt die Lage des Shooting Stars betrachtet werden. Es kommt nur dann zum Signal, wenn sich die passende Kerze »somewhere over the Rainbow« bildet. Der Shooting Star muss sich signifikant über dem Rainbow bzw. der Fastline bilden. Er muss sozusagen in der Luft hängen. Natürlich ist ein entscheidender Faktor, welche Perioden-Einstellung die Fastline hat. Je »schneller« Sie gewählt wird, desto schwieriger ist es für den Kurs, sich davon deutlich abzusetzen. Selbst in Phasen starker Momentumschübe ist es dann nicht mehr möglich. Deshalb kann ein Trader diesen Entry nur dann wählen, wenn die Fastline nicht weniger als 10 Perioden umfasst. Wenn doch, so sollte ein »neutraler« Oszillator hinzugezogen werden. Es bietet sich dabei insbesondere die Stochastik an: Einer der ältesten und bekanntesten Oszillatoren der Technischen Analyse. Ein absoluter Klassiker.

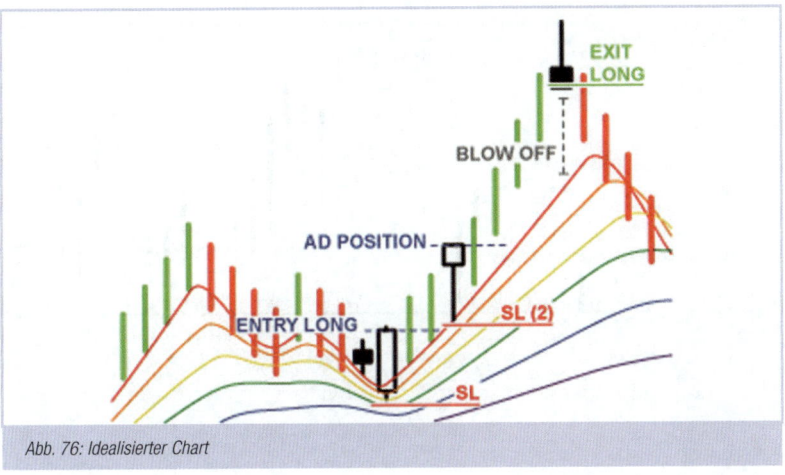

Abb. 76: Idealisierter Chart

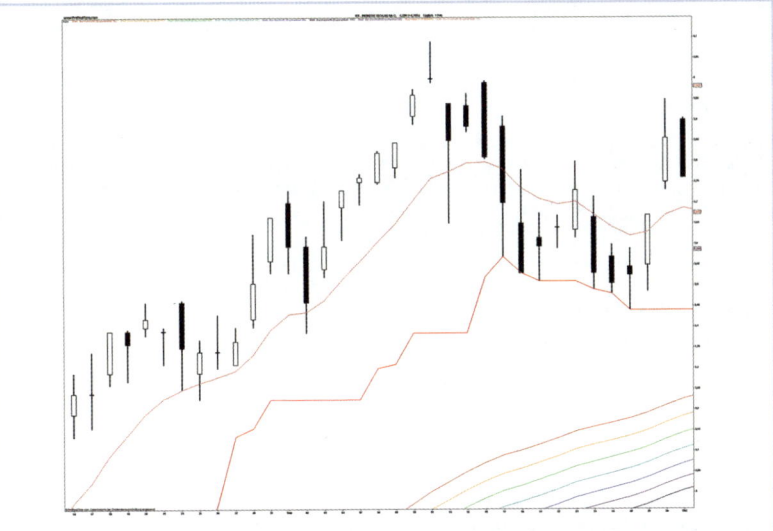

Abb. 77: In dieser Abbildung sehen Sie erneut die Infineon-Aktie im Tageschart. Es ist annähernd derselbe Zeitraum wie in Abb. 74 Lazybow Fakeout-Funbox. Zusätzlich im Chart sehen Sie noch eine Fastline (EMA 10). Am 11. September 2009 bildet sich ein Rainbow-Shooting Star weit über der Fastline. Per Definition kann dies als Exit-Setup genutzt werden. Der Exit erfolgt zum Open des nächsten Tages!

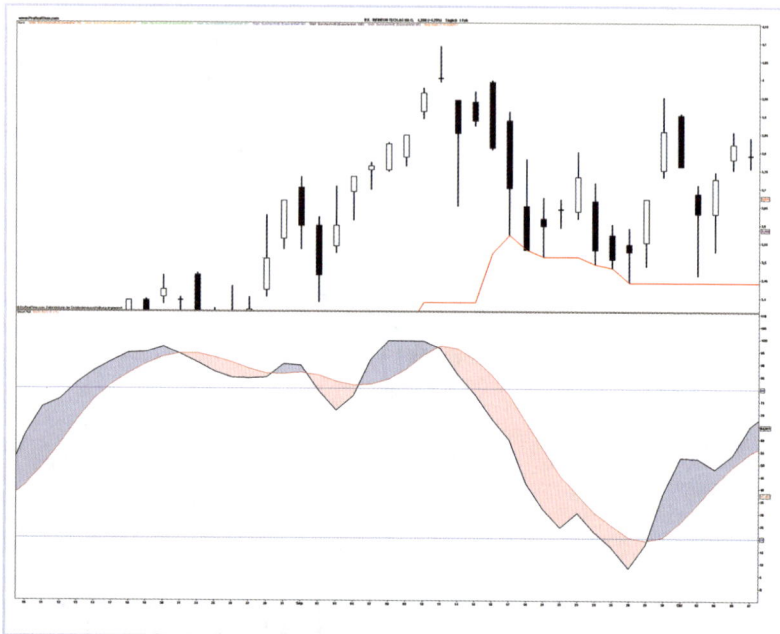

Abb. 78: Derselbe Chart wie in Abb. 77, hier jedoch in Verbindung mit der Stochastik. Im vorliegenden Fall notiert diese zum Zeitpunkt des potenziellen Exits weit im überkauften Bereich. Somit ist ein Ausstieg legitim!

Exkurs: Stochastik

Die Stochastik ist ein Oszillator, der immer zwischen 0 % und 100 % notiert. Zeigt sich ein Wert von 100 %, so befindet sich der Schlusskurs des Basiswerts auf dem höchsten Stand des Berechnungszeitraums. Analog signalisiert ein Wert von 0 %, dass der aktuelle Schlusskurs der niedrigste im Berechnungszeitraum ist. Besonders wichtig sind Stochastik-Werte oberhalb von 70 % bzw. 80 %. Notiert der Oszillator in diesem Bereich, wird der Basiswert als überkauft interpretiert. Ergo signalisiert ein Wert unter 30 % bzw. 20 % einen überverkauften Basiswert. Die Stochastik wurde von George Lane einer breiten Öffentlichkeit zugänglich gemacht. Er wollte mit diesem Oszillator bestimmen, wo sich der aktuelle Schlusskurs in Relation zur Range der ausgewählten Perioden befindet. In der

Darstellung der Stochastik sind zwei Linien zu sehen. Diese werden mit %K-Linie und %D-Linie bezeichnet. Die %K-Linie umfasst die gewählte Perioden-Einstellung der Stochastik, also wie viele Kerzen in die Berechnung einfließen. Die häufigste Einstellung umfasst 14 Perioden. Bei der %D-Linie handelt es sich um den Signalgeber (nicht im Rainbow-Trading!), der ein gleitender Durchschnitt der %K-Linie ist. Die Standardeinstellung für die sogenannte Fast-Stochastik umfasst 3 Perioden. Sehr populär ist die Slow-Stochastik, der ein weiterer gleitender Durchschnitt hinzugefügt wird.

Wie kann der Trader, der eine sehr schnelle Fastline verwendet, nun die Stochastik nutzen, um Shooting Stars zu filtern? Sobald sich ein Shooting Star gebildet hat, gleicht er die Stellung der Stochastik ab. Dem Rainbow-Trader wird die Slow-Stochastik mit den Einstellungen %K (14) und %D (5) empfohlen. Beide Linien sollten im überkauften Bereich liegen. Die Kreuzung ist nicht von Wichtigkeit! Liegt die Stochastik im überkauften Bereich (> 80 %), so kann die Position nach einer passenden, potenziellen oberen Umkehr (Shooting Star) geschlossen werden.

Hammer – Der Phönix aus der Asche

Auf der Unterseite braucht der Trader natürlich auch eine Möglichkeit, per Kerzenformation aus dem Trade auszusteigen. Dies ist legitim, sobald sich eine Hammerkerze mit einem signifikanten Abstand zur Fastline zeigt. Hat der Trader den reagibelsten gleitenden Durchschnitt mit einer Perioden-Einstellung < 10 gewählt, so muss er auf die Stochastik als zusätzliches Hilfsmittel zurückgreifen. Ein Hammer wird nur dann als Ausstieg wahrgenommen, wenn die Stochastik unter 20 % notiert. Verwendet der Trader eine Fastline aus 10 Perioden, so benötigt er die Stochastik nicht. Es reicht eine Hammerkerze, die sich in deutlichem Abstand zur Fastline bildet. Wie war nochmal die Definition für einen Hammer? »Als Hammer wird eine Kerze bezeichnet, die einen kleinen »hochstehenden« Körper (schwarz oder weiß) ohne oberen Schatten (oder mit einem sehr kleinen oberen Schatten) besitzt und einen langen unteren Schatten hat, der mindestens doppelt so lang sein sollte wie der Kerzenkörper des Hammers!«

Abb. 79: Idealisierter Chart

Abb. 80: Im 10-Minutenchart des EUR/USD erscheint während der asiatischen Session nachts um 2.10 Uhr ein Umkehrmuster in Form einer Hammerkerze. Durch den großen Abstand zur Fastline (EMA 10) ist der Ausstieg zu forcieren.

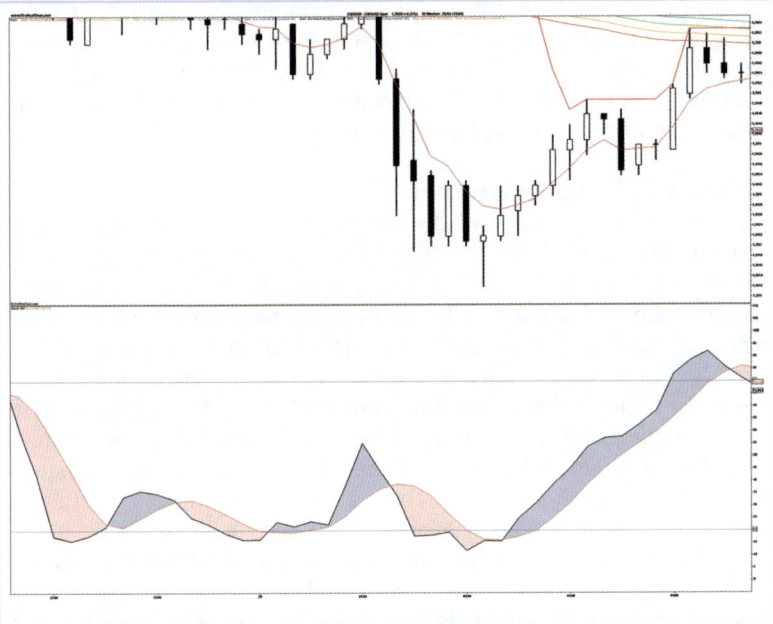

Abb. 81: Verwendet ein Trader eine Fastline, die schneller als ein gleitender 10er-Durchschnitt ist (hier zum Beispiel den EMA 5), so kommt wieder die Stochastik ins Spiel. Während der Hammer sich im EUR/USD bildet, notiert die Stochastik unterhalb von 20 % und somit im deutlich überverkauften Bereich! Ein Ausstieg wäre auch unter diesem Gesichtspunkt legitim.

Rainbow-Turtle – Trailing-Stops anhand von Preiskanälen

Diese Ausstiegsvariante lässt den Markt entscheiden, wann es Zeit ist, den Trade zu beenden. Ein festes Regelwerk führt den Trailing-Stop dem Preis immer weiter nach. So lange, bis es irgendwann zu einem Unterschreiten eines 10-Periodentiefs respektive -hochs kommt. Das mentale Problem vieler Trader beim Rainbow-Turtle liegt darin begründet, dass oftmals größere Buchgewinne zu Gunsten der Trendfolge geopfert werden. Dies ist jedoch ein systemisches Dilemma, das man niemals lösen kann. Ein zu eng gewählter Trailing-Stop führt dazu, dass der Trader zu früh ausgestoppt wird. Wählt er den Trailing-Stop zu »loose« (zu weit entfernt), gibt er zu viel der Buchgewinne wieder ab. Der Rainbow-Turtle stellt einen angemessenen Kompromiss dar.

Exkurs: Das Turtle-Experiment

Das bekannteste Experiment der Börsengeschichte wurde 1983 von Richard Dennis initiiert. Es handelte sich dabei um eine Wette zwischen Dennis und seinem besten Freund Bill Eckhardt. Richard Dennis war zu diesem Zeitpunkt schon eine Trader-Legende. Sie wetteten, ob es möglich wäre, das Trading zu erlernen. Dazu wurden 10 Personen ausgewählt, die von Dennis in seine Strategie eingeweiht wurden. Um es kurz zu machen, alle hatten Erfolg und verdienten sehr viel Geld. Allerdings mit teilweise deutlichen Unterschieden in der Performance! Nicht alle konnten sich der mentalen Fallstricke erwehren und begannen, manchmal von den Regeln abzuweichen. Das System basierte auf simpler Trendfolge. Es wurde nach dem Prinzip vorgegangen: »Kaufe teuer, verkaufe teurer«. Long-Trades wurden eröffnet, sobald ein Future-Kontrakt ein neues 20- oder 55-Tageshoch überschritt, und Short-Trades, wenn ein entsprechendes Tief gebrochen wurde. Der Ausstieg bei Long-Positionen erfolgte nach einem 10- bzw. 20-Tagestief, bei Shorts nach einem 10- bzw. 20-Tageshoch. Pro Position riskierten die Turtles maximal 2 % des Kontos. Für einen umfangreicheren Blick hinter die Kulissen des »Turtle Trading«-Experiments empfehle ich weiterführende Fachliteratur.

Ein Rainbow-Trader nutzt mit dem Rainbow-Turtle eine der eben erwähnten Stop-Strategien bei offenen Trades, definiert damit aber niemals den initialen Stop-Loss! Für den Stop-Loss eines Trades bei Eröffnung wurden die einzelnen Varianten im Kapitel zu den Rainbow-Entries behandelt. Im weiteren Verlauf eines Trades kann der Rainbow-Turtle allerdings sehr hilfreich sein. Er kommt zum Einsatz, sobald der initiale Stop-Loss, beispielhaft bei einem Long-Trade, durch das 10-Periodenhoch überschritten wird. Ist dies geschehen, kann der Trader den Stop-Loss anhand dieses Preiskanals nachziehen. Somit wird auch bald der Stop-Loss zu einem Trailing-Stop im Gewinn. Wird jetzt der Stop getriggert, so geht die Position trotzdem mit einem Gewinn aus dem Markt. Kommt keine weitere Ausstiegstechnik analog zum Einsatz, wie zum Beispiel eine Kerzenformation, so wird zwangsläufig der Markt darüber entscheiden, wann der Trade geschlossen wird. Irgendwann muss die Position per Trailing-Stop durch ein neues 10-Periodentief beendet werden. Der Trader sucht somit nicht aktiv nach Ausstiegsmöglichkeiten, sondern zieht den Stop immer weiter nach, bis der Markt nicht mehr bereit ist impulsiv zu steigen. Bei Short-Trades wird der Trailing-Stop über ein 10-Periodenhoch verwaltet. Der Trailing-Stop kommt zum Einsatz, sobald ein 10-Periodenhoch tiefer liegt als der initiale Stop-Loss. Es dürfte leicht zu erkennen sein, wo die mentale Herausforderung bei dieser Stop-Technik liegt. Der Trader wird immer wieder das Gefühl haben, zu viel des Buchgewinns wieder abzugeben. Es ist aber wichtig, zu verstehen, dass es nur auf diese Weise möglich ist, überhaupt so lange in einem Trend mitzuschwimmen. Der Rainbow-Turtle findet verstärkt nach den Lazybow-Entries »Fakeout Funbox« und »Retrace1« bzw. »-1v2« Verwendung. Nach einem aggressiven Einstieg im (Full-)Rainbow, zum Beispiel durch einen »Hammer im Trend« (Burning Flame), wird der Rainbow-Turtle nur von sehr wenigen Rainbow-Tradern angewandt.

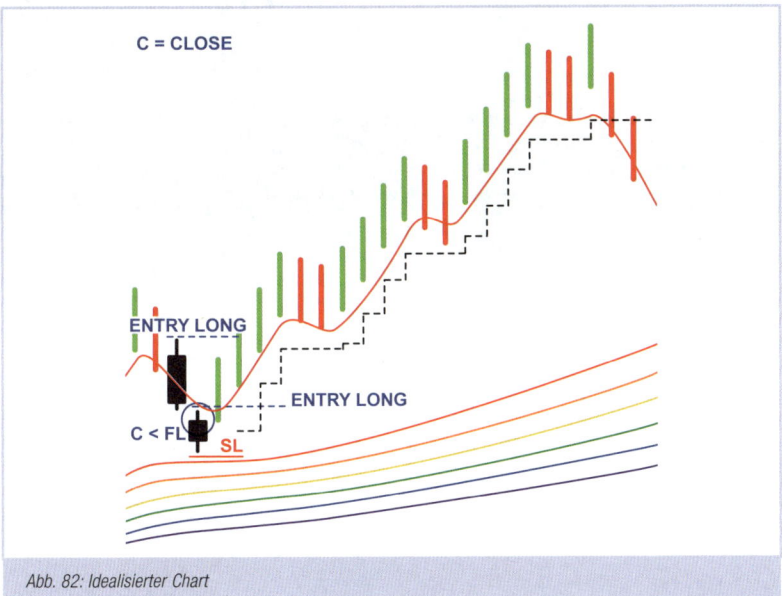

Abb. 82: Idealisierter Chart

Abb. 83: Die Commerzbank-Aktie wurde aufgrund einer Lazybow Fakeout-Funbox geshortet. Die Aktie wurde bei 6,470 € leerverkauft. Der anfängliche Stop-Loss wurde oberhalb der Signalkerze bei 8,210 € gesetzt. Anschließend wurde der Trade über den Rainbow-Turtle verwaltet. Bei 3,720 € wurde die Aktie nach einem neuen 10-Tageshoch zurückgekauft. Dieser Trade brachte ca. 1,6R ein.

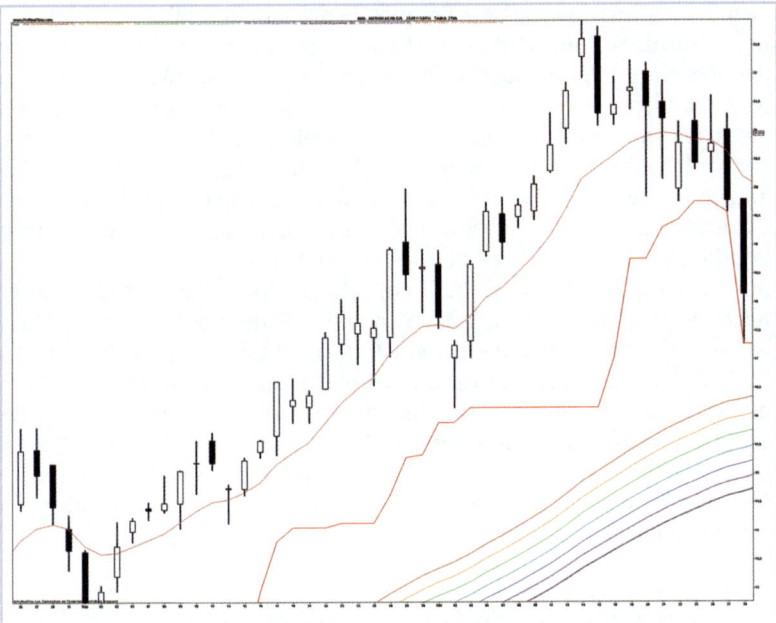

Abb. 84: Die Aixtron-Aktie wurde von einem Rainbow-Trader am 14.09.2009 nach einem Red Bullish Hammer gekauft! Der Einstiegskurs lag bei 14,75 € und der anfängliche Stop-Loss bei 14,10 €. Der Trailing-Stop wurde über den Rainbow-Turtle verwaltet. Dieser wurde bei 19,73 € nach einem neuen 10-Tagestief am 27.10.2009 gerissen. Der Trade verdiente 7,6R!

Festes CRV – Die Statistik dominiert

Die Herangehensweise bei dieser Exit-Variante wird von strategischen Überlegungen zu Volatilität und Erwartungswerten dominiert. Einfach ausgedrückt: Welche statistische Auswirkung bzw. Durchschlagskraft hat ein Einstiegssignal, preislich wie zeitlich gesehen, auf die folgenden Perioden?

Hier gilt es, folgende strategische Fragen zu klären. Wie lange bzw. wie weit hat ein bestimmtes Ereignis, zum Beispiel eine Kerzenformation, eine signifikante Auswirkung? Als Beispiel dient hier ein Bullish Engulfing Pattern. Tritt dieses auf, und es wird ein Trade eröffnet, so ist zu erwarten, dass der Kurs aufgrund dieses Setups steigen wird, und zwar zeitnah. Nehmen wir folgenden Fall an: Ein Trader ist wegen eines solchen Setups eingestiegen und der Trade ist schon sehr viele Perioden lang offen. Ist es sinnvoll, das Setup dafür verantwortlich zu machen oder sind inzwischen andere Kräfte im Spiel? Anders gesagt, ab wann ist ein Signal verbraucht? Dazu gilt es, statistisch vorzugehen und jeden Trade so penibel wie möglich in einem Trading-Tagebuch festzuhalten (bzw. ihn nach einem Exit noch per Papertrade weiterzuführen). Mit welcher Wahrscheinlichkeit erreicht der Kurs nach einem Bullish Engulfing Pattern zum Beispiel 5R? (1R ist die Größe, die der Trader bereit ist maximal mit einem Trade zu verlieren.) Wie lange braucht er dazu im Schnitt? Lässt die Wahrscheinlichkeit deutlich nach, wenn der Trade bis zu einem bestimmten Zeitpunkt das Profit Target noch nicht erreicht hat? Ja! Es gibt einen deutlichen Zusammenhang! Im Trading auch »Momentum« genannt. Fehlt dieser impulsive Preisdruck, wird es nach einer bestimmten Perioden-Anzahl deutlich unwahrscheinlicher, dass das Profit Target erreicht wird!

Zusammengefasst:

> Wie oft erreicht ein bestimmtes Setup einen bestimmten Gewinnquotienten (siehe Exkurs: CRV und Trefferquote)?
> Lässt die Häufigkeit, diesen Quotienten zu erreichen, ab einer bestimmten zeitlichen Ausdehnung des Trades deutlich nach? Die Antwort darauf ist: Ja! (siehe Time-Stop)

Es ist sehr beliebt, mit Zielen von 2R, 3R oder 4R zu arbeiten. Märkte und Volatilität ändern sich ständig. Findet das Trading in verschiedenen Timeframes statt, müssen Auswertungen über jede einzelne Zeitebene angestellt werden. Dies muss von jedem Trader in Eigenregie für den jeweiligen Basiswert, welchen er mit festem Gewinnquotienten traden will, gemacht werden. Bei dieser Art der Gewinn-Zielsetzung gibt es natürlich von Markt zu Markt resp. Timeframe zu Timeframe signifikante Unterschiede. Als Beispiel habe ich in den Jahren 2008 und 2009 im Forexmarkt sehr erfolgreich mit Gewinnquotienten gearbeitet, die je nach Setup zwischen 2,5 und 3R lagen. Es kann konstatiert werden, dass bei allen im Buch vorgestellten Setups mindestens 2R angesetzt werden sollten (will man mit einem festen

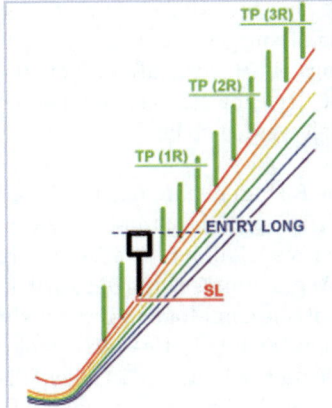

Abb. 85: Idealisierter Chart

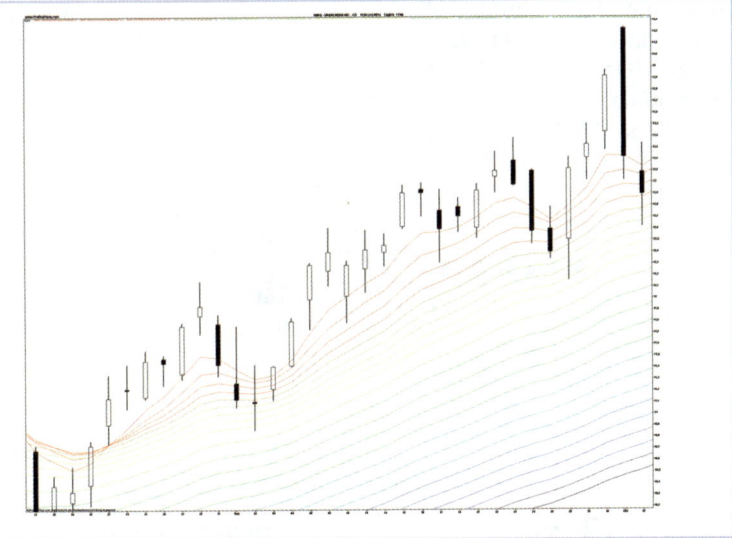

Abb. 86: Sie sehen den Chart der »Virgin Media«-Aktie. Am 10.09.2009 wurde ein Red Bullish Hammer Signal generiert. Der Einstieg konnte zum Open des Folgetages bei 12,26 $ vorgenommen werden. Der anfängliche Stop-Loss lag bei 11,78 $ am Tief der Signalkerze. Das einfache Risiko war am 15.09. bei 12,75 $ verdient. 2R erreichte der Trade am 23. September bei 13,22 $. War ein Trader auf 3R aus, so musste er noch 7 Tage länger warten bis 13,70 $ erreicht wurden. Selbst 4R waren, ohne eine nennenswerte Konsolidierung abwarten zu müssen, mit diesem Trade möglich. 14,18 $ blinkten am 1.10.2009 auf dem Bildschirm auf!

Gewinnquotienten und nicht mit Trailing-Stops oder Umkehrformationen arbeiten). Dies kann in Extremfällen bis zu 5R ausgeweitet werden. In einem solchen Fall wird dem Trader allerdings ein Höchstmaß an mentaler Stärke abverlangt. An dieser Stelle erneut der Hinweis, dass immer der übergeordnete Trend als Filter berücksichtigt werden sollte.

Was passiert, wenn der Kurs zwar in meine Richtung läuft, das Profit Target aber noch nicht erreicht worden ist? Hier wird der Stop-Loss zu einem Break-even-Stop. Dies führen die meisten Rainbow-Trader durch, sobald der Preis 2/3 respektive 3/4 des Weges zum Gewinnziel zurückgelegt hat. Dies bedeutet, dass der Trader ab diesem Moment nicht mehr bereit ist, einen Verlust-Trade hinzunehmen. Er toleriert es nicht mehr, dass ein Buchgewinn zu einem Verlust werden könnte. Er ist allenfalls bereit, noch einen Trade ohne Gewinn, aber auch ohne Verlust hinzunehmen. Die Theorie dahinter ist, dass ein Trade, der schon zu 2/3 bzw. 3/4 in die richtige Richtung gelaufen ist, auch die Kraft besitzen muss, das Ziel umgehend zu erreichen. Schafft er es nicht und kommt zurück, so ist die Wahrscheinlichkeit erhöht, dass er nicht nur auf den Break-even zurückfällt, sondern auch den anfänglichen Stop-Loss berührt. Es ist ein ständiges Abwägen von Wahrscheinlichkeiten.

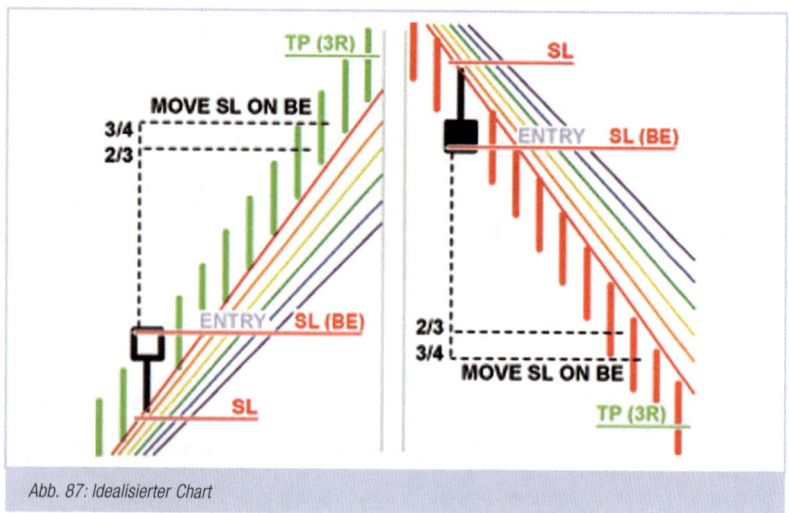

Abb. 87: Idealisierter Chart

Exkurs: Trade your Performance – Risiko im richtigen Moment

Eine der gängigsten Methoden des Money Managements ist der prozentuale Verlust-Stop. Ein Trader definiert vor Beginn des Trades, wie viel er bei Berühren seines anfänglichen Stop-Loss maximal verliert. Meist wird hier die 1 %-Regel angewandt. Läuft der Trade sofort in den Stop-Loss, so verliert der Trader 1 % seines Accounts. Ich verwende aber noch ein weiteres, für mich sehr wichtiges »Instrument«. Ich trade nicht nur den Chart des jeweiligen Basiswerts, sondern auch meine eigene Performancekurve. Wie soll das gehen? Ganz einfach! Ihre Performance, gibt Ihnen direktes Feedback, wie Ihr Handelsansatz aktuell funktioniert! Haben Sie in der aktuellen Marktphase überproportional viele Fehl-Trades oder befinden Sie sich in einer Gewinnserie? Steht Ihre Performancekurve auf »all time high« oder warten Sie schon länger auf neue Hochs? Ich wende die klassische Charttechnik auf meine Performance-Auswertungen an. Dies geschieht mit Trendlinien und der »Dow-Theorie«. Zeigt mein Diagramm einen intakten Aufwärtstrend mit »higher lows« und »higher highs«, eine Seitwärtsphase oder gar einen kleinen Abwärtstrend? Diese Informationen sind für mich bzw. für meine Risikobereitschaft elementar. Ich bekomme direkt vom Markt »gesagt«, ob meine Strategie aktuell funktioniert oder ob ich lieber das Risiko etwas herunterfahren sollte. Die meisten Anfänger begehen hier einen Kardinalfehler und neigen dazu, während Drawdowns unverhältnismäßig risikobereit zu agieren. Man will ja das verlorene Geld zurück. Umgekehrt agieren sie beispielsweise am Nachmittag risikoavers, wenn sie morgens schöne Gewinne gemacht haben. Der Trader will den Profit nicht wieder abgeben. Analog dazu werden nachmittags unverhältnismäßig große Positionen und somit ein deutlich erhöhtes Risiko gehandelt, wenn der Vormittag mit einem Verlust beendet wurde. Dabei gibt doch der Markt den Tradern direktes Feedback. Ich werde risikobereit, wenn ich gewinne, und vorsichtig in einem ausgedehnten Drawdown. Natürlich trade ich ohne Zweifel mein System weiter, weil ich weiß, dass mein Ansatz mir einen positiven Erwartungswert gibt. Dennoch werde ich mein prozentuales Risiko pro Trade eher senken, wenn ich eine längere Verlustserie durchlebe. Befinde ich mich hingegen in einem Aufwärtstrend, bin ich bereit auch mit höherem Risiko zu handeln. Wenn Sie als Immobilienspekulant ein Objekt kaufen und dieses im Wert fällt, obwohl Sie von einer Wertsteigerung ausgegangen sind, würden Sie dann sofort zwei weitere Objekte kaufen, um den Verlust auszugleichen? Oder ist erst mal eine abwartende Haltung angebracht?

Machen Sie nicht den Fehler, den so viele Trader begehen. Versuchen Sie niemals, eine Verlustserie schnell mit großen Positionen wieder aufzuholen. Ihre Gedanken dürfen sich in diesem Moment nicht um den erlittenen Verlust drehen, sondern darum, wie Sie es vermeiden noch mehr zu verlieren. Kein erhöhtes Risiko nach Verlusten, um das Geld wieder zurückzuholen. Ein Trader darf nie die Kontrolle verlieren!

Time Stop – Ein Blick auf die Uhr kann Wunder wirken

Die Uhrzeit kann wie im letzten Exkurs eine sehr wichtige Rolle spielen. Hier ist nun aber die Dauer eines Trades gemeint. Interessanterweise wird es so gut wie nie thematisiert, wie lange ein Trade offen sein soll. In Büchern, Trading Journals oder im persönlichen Gespräch dominiert ausschließlich die preisliche Dimension. Wie lange ein Trade offen ist, wird nie angesprochen. Für mich ist das aber eine elementare Frage. Wie heißt es so schön: »Zeit ist Geld!« Warum sollte ich einen Trade halten, der nicht vom Fleck kommt? Dieser Umstand gibt mir als Trader doch direktes Feedback! Ich halte eine Position, in der ich beispielsweise von einem steigenden EUR/USD ausgehe. Diese Annahme habe ich aufgrund einer Analyse und eines Trading-Setups gewonnen. Steigt der Kurs aber nicht wie erwartet, sondern verharrt in einer engen Range, die ständig um den Break-even-Punkt schwankt, so bekomme ich vom Markt mitgeteilt, dass der Euro zum US-Dollar aktuell nicht die Kraft besitzt, die erwartete Bewegung zu vollziehen. Wenn dieser Zustand länger anhält, war meine Analyse oder Erwartungshaltung falsch. Warum soll ich einen Trade halten, obwohl meine Erwartungshaltung nicht bestätigt wird? Die Statistik zeigt, dass gerade bei Trades, die sich nicht »vom Fleck bewegen«, die Wahrscheinlichkeit, das Profitziel zu erreichen, deutlich sinkt, wenn sich der Trade nach ca. 7–10 Perioden immer noch in der Nähe des Einstiegspunktes befindet. Für den Trader heißt das, dass es legitim ist, zumindest über eine verfrühte Positionsschließung nachzudenken, obwohl weder Stop-Loss, Trailing-Stop noch Profit Target berührt wurden.

Schlussbetrachtung

Eine mir häufig gestellte Frage lautet: »Wie kann ich ein Profi-Trader werden?« Natürlich kann man darauf im klassischen Sinne antworten: »Erlerne die Technische Analyse, trainiere deine mentalen Fähigkeiten, setze das Erlernte um und analysiere immer wieder deine Fehler. Lerne daraus und vertiefe dein Trading-Wissen. Wenn du genug Ausdauer, Disziplin und Ehrgeiz hast, kannst du es schaffen.«

Ein bekannter Forex-Trader aus den USA formulierte es auf diese Weise: »Willst du wissen ob du ein Profi-Trader werden kannst? Dann stehe im Winter für 14 Tage jede Nacht um 3 Uhr auf. Geh´ eine Stunde joggen, egal ob es regnet oder schneit, egal ob es -20 Grad kalt oder Wochenende ist. Nach diesem Experiment weißt du alles über dich. Dann kannst du dir selbst die Frage beantworten, ob du das Zeug (die Disziplin) zum Profi-Trader hast!«

Anfangs schmunzeln viele über diese Aussage. Sie ist aber die treffendste Aussage über die benötigten Fähigkeiten eines Traders, die ich jemals gehört habe! Denken Sie ein wenig über dieses Zitat nach. Sie hätten darauf keine Lust? An der Börse wird kein Geld erschaffen oder vernichtet. Es wird lediglich umverteilt. Die Börse ist nur ein Platz, an dem sich Händler treffen. Es geht also nicht darum, »gut« zu sein. Was ist gut? Ist man gut, wenn man 4 Bücher über das Trading gelesen hat? Oder ein Jahr lang einen Demo-Account profitabel getradet hat? Oder wenn man einen profitablen Trade abgeschlossen hat? Es geht nicht darum, nur gut zu sein. Wenn Sie zu den 10 % der Trader gehören wollen, die viel Geld an den Börsen dieser Welt verdienen und nicht zu den übrigen 90 %, die verlieren, dann müssen Sie besser als die anderen sein. Sie müssen mehr Disziplin aufbringen, mehr Ehrgeiz entwickeln, mehr lesen, mehr lernen. Stehen Sie früher auf als alle anderen, um den Markt zu analysieren und führen Sie genauer Tagebuch über Ihre Trades. Führen Sie mehr Backtests durch und arbeiten Sie noch härter und länger an Ihren Fehlern. Sie müssen besser sein als der große Rest. Das ist aber mit einer durchschnittlichen Leistung nicht zu gewährleisten. Vielleicht lesen Sie sich jetzt noch mal das oben angeführte Zitat durch, um zu erkennen, wie »richtig« es doch ist! Jeder kann es schaffen, wenn er bereit ist, mehr als die breite Masse dafür zu investieren! Natürlich ist das nicht Ziel eines jeden Traders. Allerdings muss ein Swing- oder Positions-Trader dieselben Klippen umschiffen. Hier sind ähnliche Fähigkeiten wie bei einem Day-Trader gefragt.

Ich hoffe, mit diesem Buch Ihr Wissen erweitert und vertieft zu haben. Ich wünsche Ihnen gute Trades und viel Spaß mit dem Rainbow-Trading. Wenn Sie mein Trading verfolgen wollen, können Sie dies insbesondere bei GodmodeTrader.de und über LarsGottwik.com! Behalten Sie immer das Risiko im Blick. Nur so werden Sie einer der besten Trader!

Beste Grüße

Lars Gottwik (Trader bei GodmodeTrader.de)

Register

Forex
Rainbowday
trader

Mit Lars Gottwik – einer der besten Devisenhändler Deutschlands!

www.godmode-trader.de

Jetzt gleich anmelden und testen:
www.godmode-trader.de/Rainbowdaytrader

Devisenhandel mit Lars Gottwiks Forexrainbowdaytrading –
Spezialität: Sehr enge Stops, sehr hochgehebelte Positionen.

Ein Fulltimetrader, der mit einem 40.000 € Konto seinen
Lebensunterhalt verdient!

Aggressives Pushen von Positionen, sehr striktes Risiko- und
Moneymanagement.

Der Devisenhandel in Fulltime für jedermann –
Coaching für angehende Devisenhändler.

Ein Service der

www.boerse-go.ag

DIE NEUE BUCHREIHE

simplified

In Zusammenarbeit mit

Investor Verlag

www.investor-verlag.de

www.simplified.de

Oliver Paesler

RISIKO- UND MONEY-MANAGEMENT

simplified

Methoden, Strategien, Umsetzung
Das ideale Instrument für jeden erfolgsorientierten Anleger

FinanzBuch Verlag   Investor Verlag

Telebörse

Herbert Autengruber

AKTIENFONDS FÜR JEDES ANLAGEZIEL

simplified

Erfolgreich die richtigen Anlageprodukte auswählen

FinanzBuch Verlag   n-tv

Horst Fugger

BÖRSEN-LEXIKON

simplified

Börsenwissen von A–Z

FinanzBuch Verlag   Investor Verlag

Telebörse

Stefan Alfa

CFDs

simplified

Contracts for Difference
Verstehen – Einsetzen – Gewinnen

FinanzBuch Verlag   n-tv

Telebörse

Oliver Paesler

TECHNISCHE INDIKATOREN

simplified

Das ideale Instrument
für jeden erfolgsorientierten Anleger
Methoden, Strategien, Umsetzung

FinanzBuch Verlag   n-tv

John J. Murphy

CHART-TECHNIK

simplified

So analysieren Sie den Markt

FinanzBuch Verlag   Investor Verlag

Telebörse

Michael J. Rho

ALLES, WAS SIE ÜBER DAY TRADING WISSEN MÜSSEN

simplified

FinanzBuch Verlag   n-tv

Dennis Metz

DEVISEN-HANDEL

simplified

Geld verdienen mit Forex & Co.

FinanzBuch Verlag   Investor Verlag

Georg Pothoff

DIE BESTEN DIVIDENDEN-STRATEGIEN

simplified

Mit den richtigen Werten Geld verdienen

FinanzBuch Verlag   Investor Verlag

Holman Schwiezig

INVESTIEREN IN GOLD

simplified

FinanzBuch Verlag   Investor Verlag

Ed Downs

DIE BESTEN CHARTMUSTER

simplified

7 Chartformationen,
mit denen Sie beständig Geld verdienen

FinanzBuch Verlag   Investor Verlag

Harald Weygand

SHORT-SELLING

simplified

Profitabel traden in fallenden Märkten

FinanzBuch Verlag

www.simplified.de

Diese
Bücher bringen
es auf den
Punkt

»simplified« – aktuell, prägnant, günstig.
Die neue »simplified«-Buchreihe erklärt aktuelle Investmentthemen kompakt und leicht verständlich.

simplified – die neue Buchreihe zu Investmentthemen, die schneller auf den Punkt kommt. Aktuell, prägnant, günstig. Eben simplified. Eine Gemeinschaftsproduktion von Investor Verlag und FinanzBuch Verlag.

Short-Selling - simplified

Harald Weygand

Short-Selling ist die ideale Trading-Methode, um von fallenden Märkten zu profitieren. Dabei wettet der Anleger auf sinkende Kurse eines Unternehmens. Vereinfacht gesagt geht es darum, dass ein Investor Aktien verkauft, die er sich von einer Bank geliehen hat. Fällt die Aktie wie erwartet, kann er sie zu einem späteren Zeitpunkt zurückkaufen. Der Spread zwischen Verkaufs- und Kaufpreis ist der Gewinn, den der Anleger verbuchen kann. Harald Weygand zeigt dem Leser leicht verständlich, wie er an fallenden Märkten gewinnen kann, und verrät Tipps und Tricks, die er selbst Tag für Tag anwendet.

160 Seiten | Broschur | 12,90 € (D) | 13,30 € (A) | sFr. 22,90 | ISBN 978-3-89879-486-2
Mehr Informationen zu Investmentthemen finden Sie unter www.portfoliojournal.de

Day-Trading - simplified

Michael Plos

Daytrading beschreibt das An- und Verkaufen von Wert-
papieren an demselben Börsentag. Spekulative, meist
professionelle, Investoren kaufen und verkaufen beim
Daytrading Papiere in Minuten oder sogar Sekunden-
geschwindigkeit. Mit der zunehmenden Verlagerung des
Wertpapierhandels auf das Internet und der Entstehung
zahlreicher Onlinebanken und -broker wurde das Day-
trading populär und stand damit auch dem Privatanle-
gern offen.

128 Seiten | Broschur | 12,90 € (D) | 13,30 € (A) | sFr. 22,90 | ISBN 978-3-89879-298-1
Mehr Informationen zu Investmentthemen finden Sie unter www.portfoliojournal.de

Wenn Sie **Interesse** an
unseren Büchern haben,

z. B. als Geschenk für Ihre Kundenbindungsprojekte,
fordern Sie unsere attraktiven Sonderkonditionen an.

Weitere Informationen erhalten Sie bei Nikolas Kuplent
unter +49 89 651285-276

oder schreiben Sie uns per E-Mail an:
nkuplent@finanzbuchverlag.de

FinanzBuch Verlag